Impressum
Verlag: BABADADA GmbH, Nedderfeld 112 , 22529 Hamburg
Geschäftsführer / Verlagsleitung: Harald Hof
Druck: Books on Demand GmbH, In de Tarpen 42, 22848 Norderstedt

Imprint
Publisher: BABADADA GmbH, Nedderfeld 112 , 22529 Hamburg, Germany
Managing Director / Publishing direction: Harald Hof
Print: Books on Demand GmbH, In de Tarpen 42, 22848 Norderstedt, Germany

AF220082

សាលារៀន

школа

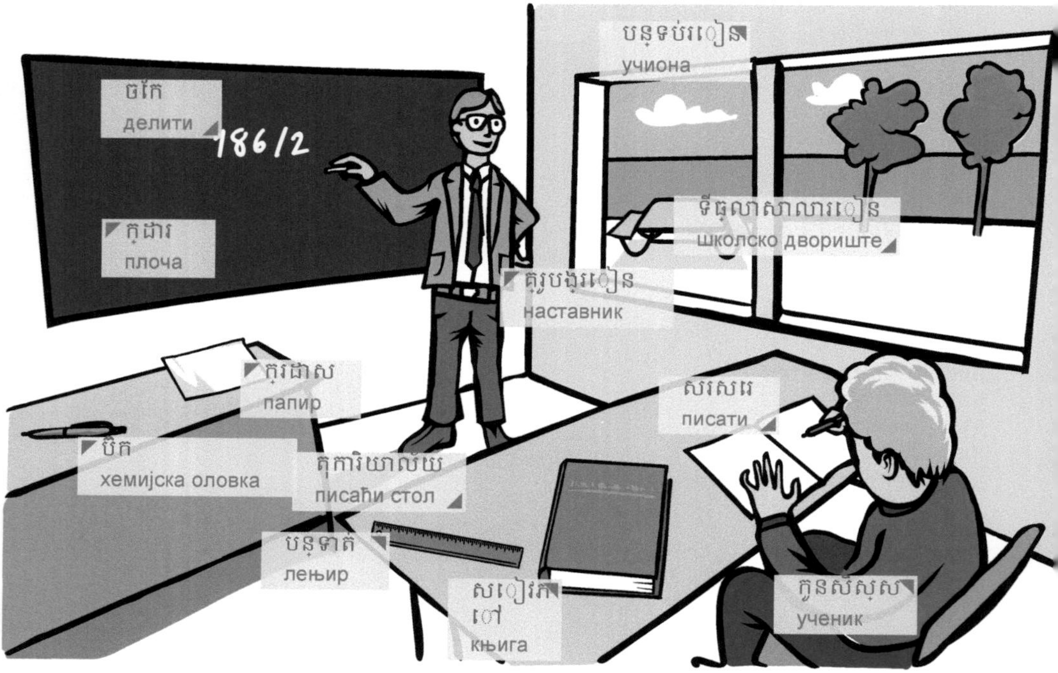

បន្ទប់រៀន
учиона
ចែក
делити
186/2
ក្ដារ
плоча
ទីធ្លាសាលារៀន
школско двориште
គ្រូបង្រៀន
наставник
ក្រដាស
папир
សរសេរ
писати
ប៊ិក
хемијска оловка
តុការិយាល័យ
писаћи сто
បន្ទាត់
лењир
សៀវភៅ
књига
កូនសិស្ស
ученик

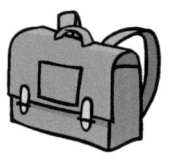

សម្ពៀតស្បែក

торба

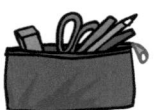

ប្រអប់ដាក់ខ្មៅដៃ

перница

ខ្មៅដៃ

графитна оловка

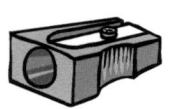

ប្រដាប់ខួងខ្មៅដៃ

шиљило за оловке

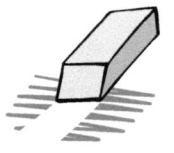

ជ័រលុប

гумица за брисање

ផ្ទាំងគំនូរ

блок за цртање

តំនូរ
....
цртеж

ជក់គូរ
....
кист

ប្រអប់ថ្នាំលាប
....
кутија са бојама

កន្ត្រៃ
....
маказе

ការបិទ
....
лепило

សៀវភៅលំហាត់
....
бележница

កិច្ចការផ្ទះ
....
домаћи задатак

លេខ
....
број

បូក
....
сабирати

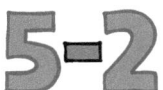

ដក
....
одузимати

គុណ
....
множити

គណនា
....
рачунати

លិខិត
....
слово

អក្ខរក្រម
....
абецеда

ពាក្យ
....
реч

អត្ថបទ

текст

អាន

читати

ដីស

креда

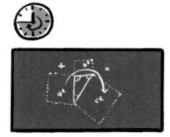

មេរៀន

час

ចុះឈ្មោះ

дневник

ការប្រលង

испит

វិញ្ញាបនបត្រ

сведочанство

ឯកសណ្ឋានសាលា

школска униформа

ការអប់រំ

образовање

សព្វវចនាធិប្បាយ

лексикон

សាកលវិទ្យាល័យ

универзитет

មីក្រូទស្សន៍

микроскоп

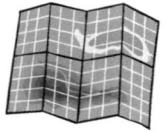

ផែនទី

карта

កន្ត្រកដាក់សំរាមកូរដាស

кошара за папир

សណ្ឋាគារ
хотел

Grand

សណ្ឋាគារកុមលៃ
преноћиште

ការយោលយ័យប្តូរប្រាក់
мењачница

វ៉ាលី
кофер

រថយន្ត
ауто

ភាសា

jезик

បាទ / ទេ

да / не

យល់ព្រម

океj

សាយ័ន្តស្ួស្តី!

здраво

អ្នកបកប្រែ

преводилац

សូមអរគុណ

хвала

ថ្លៃប៉ុន្មាន... ?

Колико кошта...?

ខ្ញុំមិនយល់

не разумем

បញ្ហា

проблем

ទិវាសួស្តី!

добро вече!

អរុណសួស្តី

Добро јутро!

រាត្រីសួស្តី!

Лаку ноћ!

លាហើយ

довиђења

ទិសដៅ

смер

អីវ៉ាន់

пртљага

កាបូប

торба

កាបូបស្ពាយកូនៀយ

руксак

ភ្ញៀវ

гост

បន្ទប់

соба

ថង់ដេក

врећа за спавање

តង់

шатор

ការធ្វើដំណើរ - путовање

ព័ត៌មានទេសចរណ៍
....
туристичке информације

ឆ្នេរ
....
плажа

កាតឥណទាន
....
кредитна картица

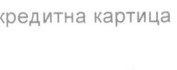

អាហារពេលព្រឹក
....
доручак

អាហារថ្ងៃត្រង់
....
ручак

អាហារពេលល្ងាច
....
вечера

សំបុត្រ
....
карта за вожњу

ជណ្តើរយន្ត
....
лифт

តែម
....
поштанска маркица

ព្រំដែន
....
граница

គយ
....
царина

ស្ថានទូត
....
амбасада

ទិដ្ឋាការ
....
виза

លិខិតឆ្លងដែន
....
пасош

ការដឹកជញ្ជូន

транспорт

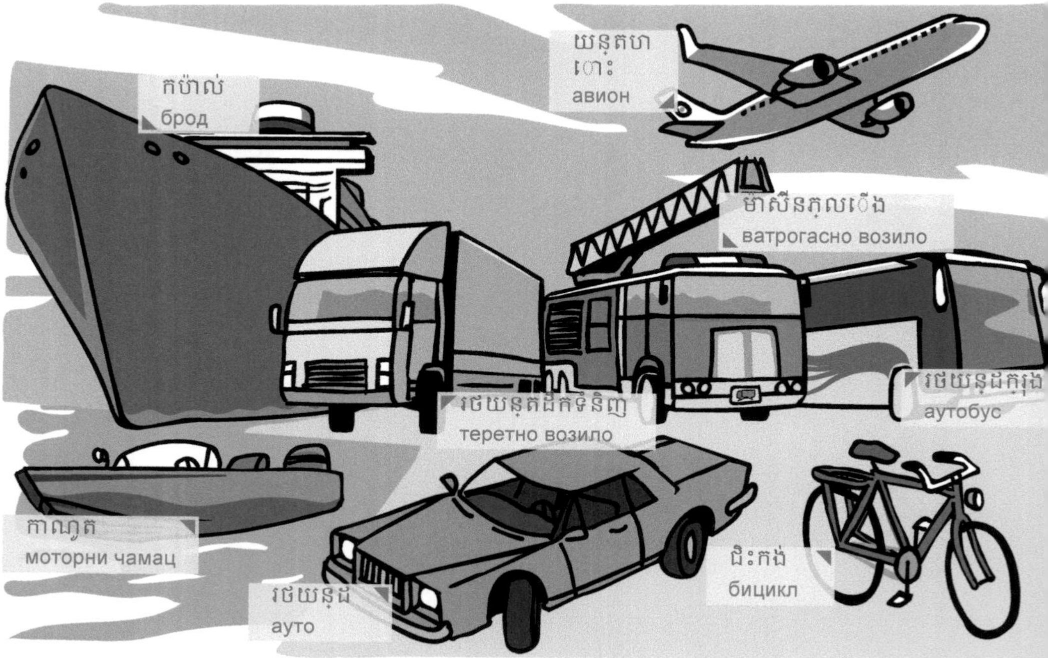

យន្តហោះ
авион

កប៉ាល់
брод

ម៉ាស៊ីនភ្លុចភ្លើង
ватрогасно возило

 រថយន្តដឹកទំនិញ
теретно возило

រថយន្តដឹកក្រុង
аутобус

កាណូត
моторни чамац

រថយន្តដឹក
ауто

ជិះកង់
бицикл

សាឡាង

трајект

ទូក

чамац

ម៉ូតូ

мотоцикл

រថយន្តប៉ូលិស

полицијски ауто

រថយន្តបុរណាំង

тркаћи ауто

រថយន្តជួល

изнајмљено ауто

8

ការដឹកជញ្ជូន - транспорт

ការថែរក្សាថែរថយនុត

делење аутомобила

ម្ទានសុទូច

вучно возило

ម្ទានបុរម្ចលសំរាម

возило за одвоз смећа

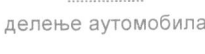

ម៉ូត្ច

мотор

បុរេងឩនុនន:

бензин

សុថានីយបុរេង

бензинска станица

សុលាកសញ្ញាចរាចរណ៍

саобраћајни знак

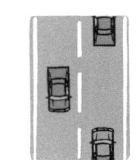

ការធ្វុរលើចារចរណ៍

саобраћај

កកសុទ:ចារចរណ៍

застој

ចំណត

паркиралиште

សុថានីយរថភ្លុលរេ៉ង

железничка станица

ផ្លុវដងកែ

шине

រថភ្លុលរេ៉ង

воз

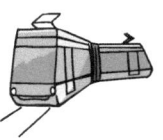

រថអគ្គីសនី

трамвај

ទូរថភ្លុលរេ៉ង

вагон

ឧទ្ធម្ភាគចក្រ

хеликоптер

ពុលោនយន្តហោះ

аеродром

ប៉ម

кула

អ្នកដំណើរ

путник

កុងតឺន័រ

контејнер

ករដាសកាតុង

картон

រទេះ

колица

កញ្ចប់

корпа

ហោះឡើង / ចុះ

узлетети / слетети

ទីក្រុង

град

ភូមិ

село

កណ្តាលទីក្រុង

центар града

ផ្ទះ

кућа

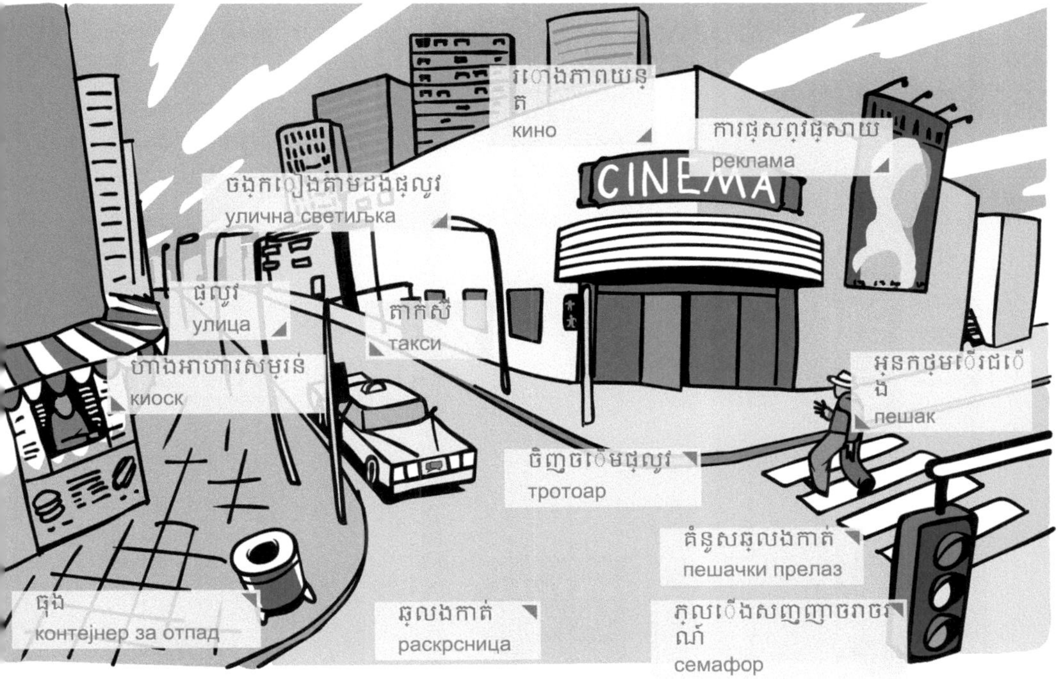

រោងភាពយន្ត
кино
ការផ្សព្វផ្សាយ
реклама
CINEMA
ចង្កៀងតាមដងផ្លូវ
улична светиљка
ផ្លូវ
улица
តាក់ស៊ី
такси
ហាងអាហារសម្រន់
киоск
អ្នកថ្មើរជើង
пешак
ចិញ្ចើមផ្លូវ
тротоар
គំនូសឆ្លងកាត់
пешачки прелаз
ធុង
контејнер за отпад
ឆ្លងកាត់
раскрсница
ភ្លើងសញ្ញាចរាចរណ៍
семафор

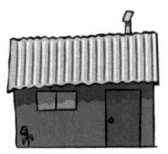

ខ្ទម

колиба

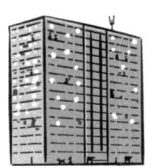

ផ្ទះល្វែង

стан

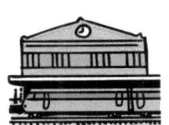

ស្ថានីយរថភ្លើង

железничка станица

សាលាក្រុង

већница

MUSEUM

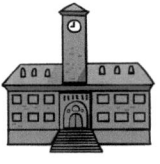

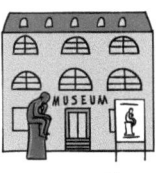

សារមន្ទីរ

музеј

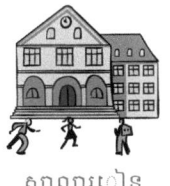

សាលារៀន

школа

សាកលវិទ្យាល័យ

универзитет

ធនាគារ

банка

មន្ទីរពេទ្យ

болница

សណ្ឋាគារ

хотел

ឱសថស្ថាន

апотека

ការិយាល័យ

канцеларија

ហាងលក់សៀវភៅ

књижара

ហាង

продавница

ហាងផ្កា

цвећара

ផ្សារទំនើប

супермаркет

ទីផ្សារ

трг

ហាងទំនិញ

робна кућа

ហាងលក់ត្រី

рибарница

មជ្ឈមណ្ឌលផ្សារទំនើប

трговачки центар

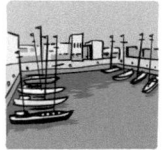

កំពង់ផែ

лука

ឧទ្យាន

парк

បង្គ់

клупа

ស្ពាន

мост

ជណ្ដើរ

степенице

ផ្លូវរក្រោមដី

подземна железница

ផ្លូវរូងក្រោមដី

тунел

ចំណតរថយន្តដក្រុង

аутобуска станица

បារ

бар

ភោជនីយដ្ឋាន

ресторан

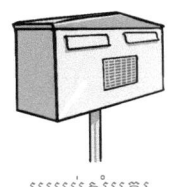

ប្រអប់សំបុត្រ

поштанско сандуче

សញ្ញាតាមដងផ្លូវ

улични знак

ឧបករណ៍បូម្មូលចូលថៃចំណត

паркирни аутомат

សួនសត្វ

зоолошки врт

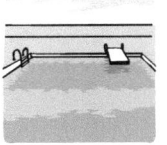

អាងហែលទឹក

базен

វិហារអ៊ីស្លាម

џамија

កសិដ្ឋាន

сеоско газдинство

ការបំពុល

загађење околине

វាលកប់ខ្មោច

гробље

ព្រះវិហារ

црква

គូររៀងអំពិលកុមដែលង

игралиште

ប្រាសាទ

храм

ទេសភាព

пејсаж

សុលឹក
лист

សញ្ញាប្រាប់ទិសដៅ
путоказ

ផ្លូវ
пут

វាលស្មៅ
ливада

ដុំថ្ម
камен

អ្នកឡាយេ៊ងភ្នំ
шетач

ដើមឈើ
дрво

ទន្លេ
река

ស្មៅ
трава

ផ្កា
цвет

ជ្រលងភ្នំ

долина

កូនភ្នំ

планина

បឹង

jезеро

ព្រៃឈើ

шума

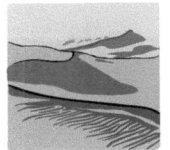

វាលខ្សាច់

пустиња

ភ្នំភ្លុកភ្លើង

вулкан

តម្រោកុរបី

дворац

ឥន្ទធនូ

дуга

ផ្សិត

гљива

ដើមត្នោត

палма

មូស

москито

រុយ

мува

ស្រមោច

мрав

សត្វឃ្មុំ

пчела

ពីងពាង

паук

សត្វកញ្ចៃ

буба

កង្កែបថៃ

жаба

កំប្រុក

веверица

សត្វកាំបុរមា

jeж

ទន្សាយសុលឹក

зец

សត្វទីទុយ

сова

បក្សី

птица

ហង្ស

лабуд

ជ្រូក

дивља свиња

សត្វក្តាន់

jeлен

សត្វក្តាន់

лос

ទំនប់

насип

កង្ហារខ្យល់

ветрењача

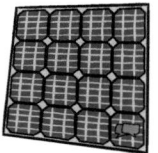

បន្ទះសូឡា

соларна плоча

អាកាសធាតុ

клима

ភោជនីយដ្ឋាន
ресторан

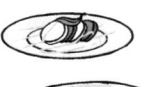

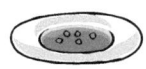

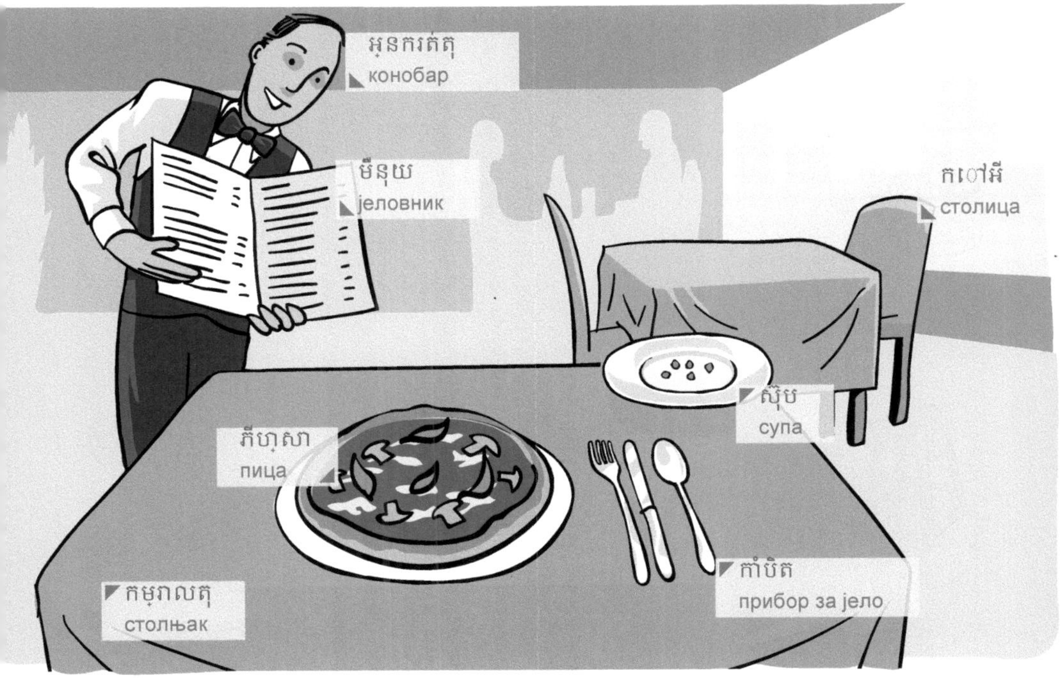
អ្នករត់តុ
конобар
ម៉ឺនុយ
јеловник
កៅអី
столица
ស៊ុប
супа
ភីហ្សា
пица
កាំបិត
прибор за јело
កម្រាលតុ
столњак

អាហារសម្រន់
....
предјело

អាហារសំខាន់
....
главно јело

បង្អែម
....
десерт

ភេសជ្ជៈ
....
напитци

អាហារ
....
јело

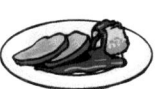

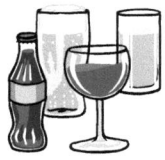

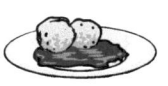

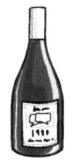

ដប
....
флаша

អាហារបហ័ស

брза храна

អាហារតាមផ្លូវ

имбис храна

ប៉ាន់តែ

чаjник

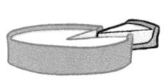

បុរអប់ស្ករ

доза за шеħер

ចំណកែ

порциjа

ម៉ាស៊ីនតុងកាហ្វរអ៊ិចសុព្រេស្ស៉ូ

апарат за еспресо

កៅអីខ្ពស់

висока столица

វិក្កយបត្រ

рачун

ថាស

послужавник

កាំបិត

нож

សម

виљушка

ស្លាបព្រា

кашика

ស្លាបព្រាកាហ្វរ

чаjна кашика

កន្សែងជូតខ្លួន

салвета

កែវ

чаша

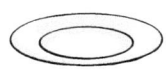

ចានទាប
....
тањир

ចានស៊ុប
....
тањир за супу

ចានមូរនាប់
....
тањирић

ទឹកជុរលក់
....
сос

ដបអំបិល
....
сољенка

បូរដាប់កិនម្រេច
....
млин за бибер

ទឹកខ្មេះ
....
сирће

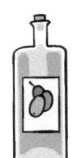

ប្រេង
....
уље

គ្រឿងទេស
....
зачини

ទឹកប៉េងប៉ោះ
....
кечап

ម៉្តាក
....
сенф

ទឹកមយ៉ូណេ
....
мајонеза

ផ្សារទំនើប

супермаркет

ការផ្តល់ជូនពិសេស
понуда
FOR
អតិថិជន
купац
ទឹកដោះគោ
млечни производи
ផ្លែឈើ
воће
រទេះរុញ
колица за куповину

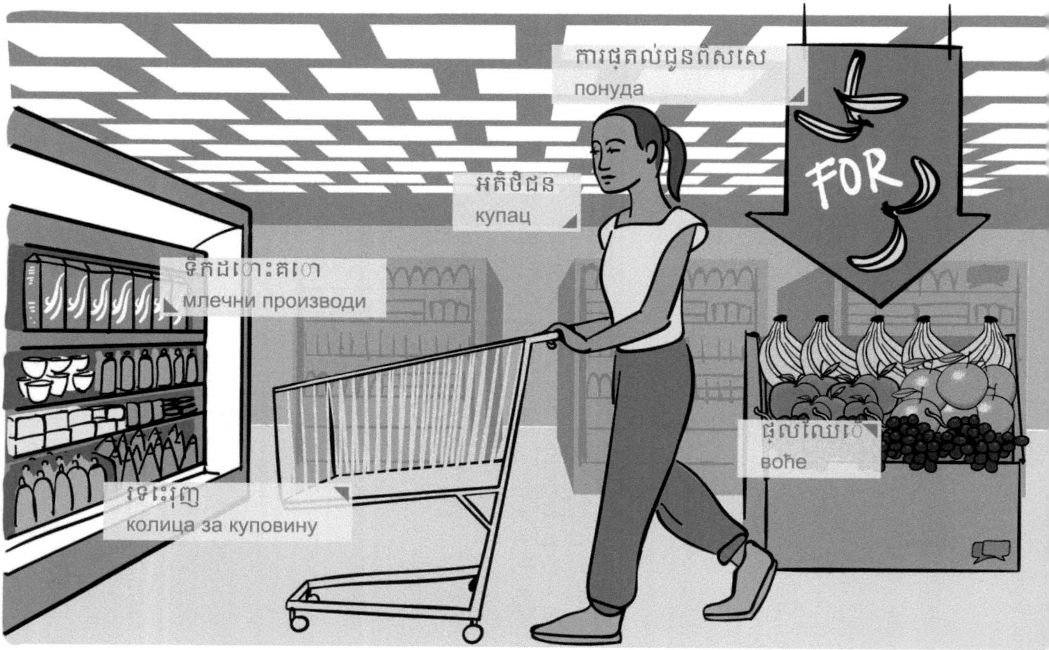

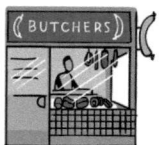

BUTCHERS

ហាងកាប់ជ្រូក

месница

BAKERY

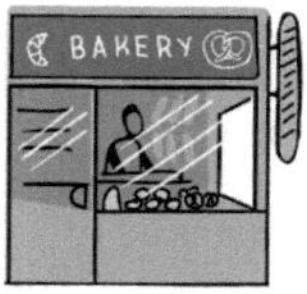

ហាងដុតនំ

пекара

ថ្លឹង

вагати

បន្លែ

поврће

សាច់

месо

អាហារក្លាសេស

смрзнута храна

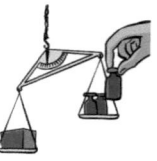

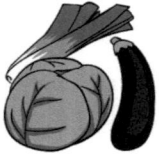

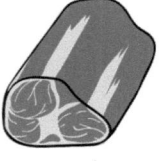

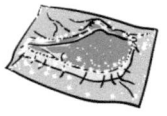

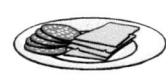

សាច់កុលាសរ

нарезак

អាហារកំប៉ុង

конзерве

មុសរៅលាង

средство за прање

សុអរគុរាប់

слаткиши

ផលិតផលកនុងគ្រួសារ

артикли за домаћинство

ផលិតផលសមុអាត

средства за чишћење

អ្នកលក់

продавачица

ថតដាក់លុយ

благајна

បេឡា

благајник

បញ្ជីទិញទំនិញ

листа за куповину

ម៉ោងធ្វើការ

време рада

កាបូបលុយបុរស

новчаник

កាតឥណទាន

кредитна картица

ថង់

торба

ថង់ប្លាស្ទិច

пластична кеса

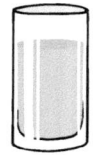

ទឹក

вода

ទឹកផ្លែឈើ

сок

ទឹកដោះគោ

млеко

កូកាកូឡា

кола

ស្រា

вино

ស្រាបៀរ

пиво

គ្រឿងស្រវឹង

алкохол

កាកាវ

какао

តែ

чај

កាហ្វេ

кава

កាហ្វេអេចស្ព្រេស្សូ

еспресо

កាហ្វេកាពូឈីណូ

капуќино

ចកេ

банана

ផ្លែប៉ោម

jabuka

ផ្លែក្រូច

наранџа

ឪឡឹក

лубеница

ក្រូចឆ្មា

лимун

ការ៉ុត

шаргарепа

ខ្ទឹម

бели лук

ប្រសុសី

бамбус

ខ្ទឹមហារ៉ាំង

лук

ផ្សិត

гљива

គ្រាប់ផ្លែឈើ

орашасти плодови

មី

резанци

 មីអ៊ីតាល់

шпагете

ហាយ

рижа

សាឡាត់

салата

ដំឡូងចៀន

помфрит

ដំឡូងចៀន

печени крумпир

ភីហ្សា

пица

បឺហ្គឺ

хамбургер

សាំងវិច

сендвич

សាច់ជាប់ឆ្អឹងជំនី

шницла

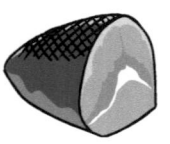

ហាំ

шунка

សាឡាម៉ី

салама

សាច់ក្រក

кобасица

សាច់មាន់

кокош

អាំង

печење

ត្រី

риба

អាវ៉ែនបបរ

зобене пахуљице

មុយស្លី

мусли

ដំឡូងចំណិត

кукурузне пахуљице

មុសទៅ

брашно

នំគ្រួសង់

кроасан

នំប៉ុងមុខយ៉ាងមូលតូចៗ

пециво

នំប៉ុង

хлеб

អាំង

тоаст

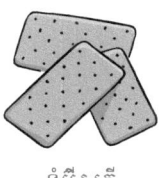

នំប៉ីស្គី

кекси

បឺរ

маслац

ទឹកដោះខាប់

свежи сир

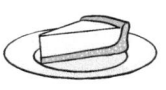

នំខេក

колач

ស៊ុត

jaje

ស៊ុតចៀន

jaje на око

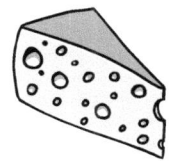

ឈីស

сир

ការីមេ

сладолед

ស្ករ

шеħер

ទឹកឃ្មុំ

мед

ជំណាប់

мармелада

ក្រមៃតាំងម៉ៃ

нугат крема

ការី

кари

កសិដ្ឋាន

сеоско газдинство

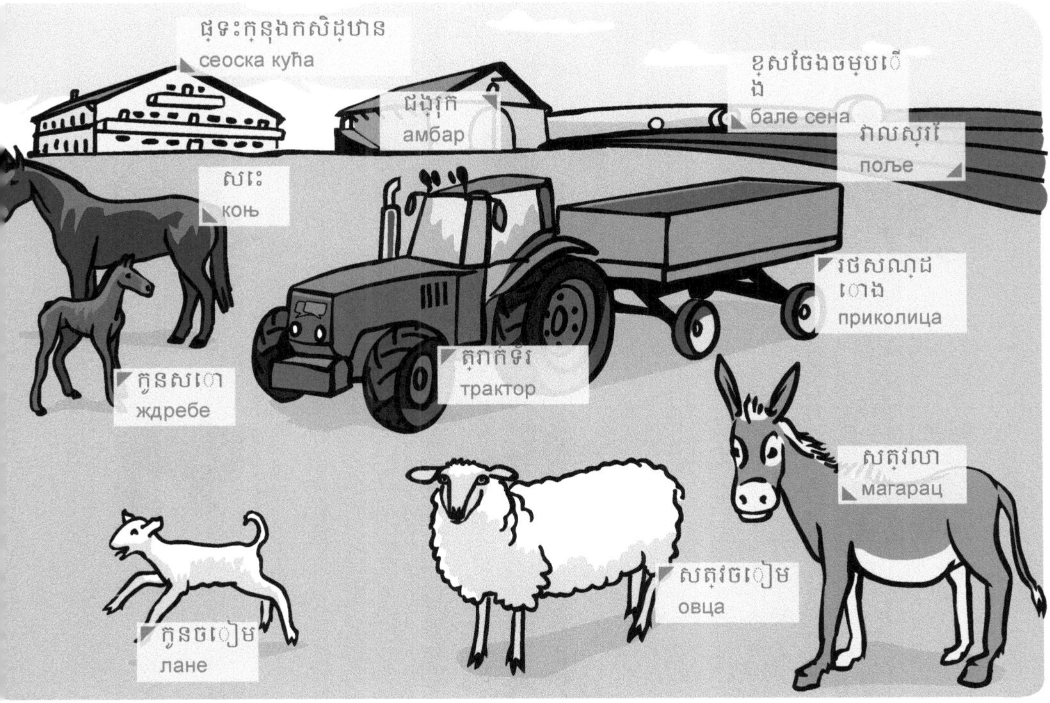
ផ្ទះក្នុងកសិដ្ឋាន
сеоска кућа
ជង្រុក
амбар
ខ្សែចងចម្បើង
бале сена
វាលស្រែ
поље
សេះ
коњ
រថសណ្ដោង
приколица
ត្រាក់ទ័រ
трактор
កូនសេះ
ждребе
សត្វលា
магарац
សត្វចៀម
овца
កូនចៀម
лане

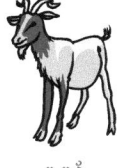

ពពែ

коза

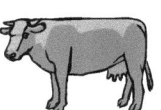

គោញី

крава

កូនគោ

теле

ជ្រូក

свиња

កូនជ្រូក

прасе

គោឈ្មោល

бик

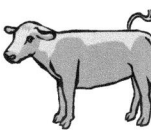

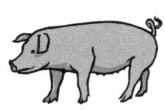

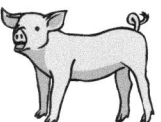

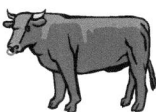

សត្វក្ងាន

гуска

ទា

патка

កូនមាន់

пилиħи

មមោន់

кокош

មាន់ឈ្មោល

петао

កណ្ដុរ

пацов

ឆ្មា

мачка

កណ្ដុរប្ររមៈ

миш

គពោឈ្មោល

вол

ឆ្កែ

пас

ផ្ទះឆ្កែ

куħица за пса

ទុយពោទឹក

вртно црево

ធុងស្រោចទឹក

канта за поливање

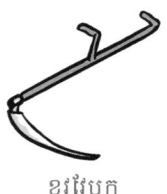

ខូវែបក

коса

នង្គ័ល

плуг

កសិដ្ឋាន - сеоско газдинство

កណ្ដៀវ

срп

ចបកាប់

мотика

នោស់

виљушка за ђубриво

ពូថៅ

секира

រទេះរុញ

тачке

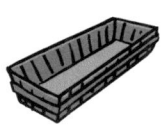

ស្នូក

корито

កំប៉ុងទឹកដោះគោ

посуда за млеко

ហារ

вређа

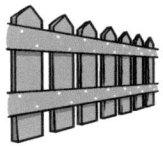

របង

ограда

កូររោល

штала

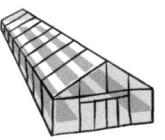

ផ្ទះកញ្ចក់

стакленик

ដី

земља

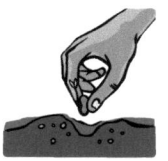

គ្រាប់ពូជ

семе

ជី

ђубриво

ម៉ាស៊ីនបូរមួលផល

комбајн

 បុរម្មួលផល

жети

ការបុរម្មួលផល

жетва

ដំឡូងជួក

јамс зачин

ស្រូវសាលី

пшеница

សណ្ដែកកេសវៀង

соја

ដំឡូងជួក

крумпир

ពេោត

кукуруз

គ្រាប់បុររេងៃប

уљана репица

ដើមឈើហ្ចូបផ្លៃ

воћка

ដំឡូងមី

гомољ маниоке

ចញ្ញជាតិ

житарице

បំពង់ផ្សែង
димњак

ដំបូល
кров

ទរបង្ហូរទឹក
жлеб

បង្អួច
прозор

ហ្គារ៉ាស
гаража

កណ្ដឹងទ្វារ
звоно

ទ្វារ
врата

ធុងសំរាម
корпа за отпад

បុរអប់សំបុត្រ
поштанско сандуче

សួនច្បារ
врт

បន្ទប់ទទួលភ្ញៀវ

дневна соба

បន្ទប់ទឹក

купаоница

ផ្ទះបាយ

кухиња

បន្ទប់គេង

спаваћа соба

បន្ទប់របស់កុមារ

дечија соба

បន្ទប់ទទួលទានអាហារ

трпезарија

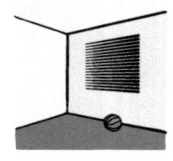

ជាន់

под

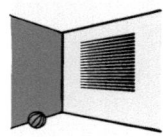

ជញ្ជាំង

зид

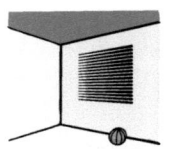

ពិដាន

строп

បន្ទប់ក្រោមដី

подрум

សូណា

сауна

យ័រ

балкон

ផ្ទៃរាបស្មើទៀនទៅជមុរលក្រុំ

тераса

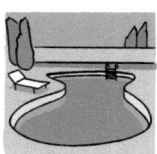

អាងហាលទឹក

базен

ម៉ាស៊ីនកាត់ស្មៅ

косилица за траву

សន្លឹក

постељина за кревет

កម្រាលគ្រែដេគេ

дека за кревет

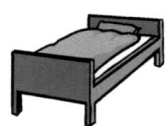

គ្រែ

кревет

អំបោស

метла

ធុង

канта

កុងតាក់

прекидач

បន្ទប់ទទួលភ្ញៀវ

дневна соба

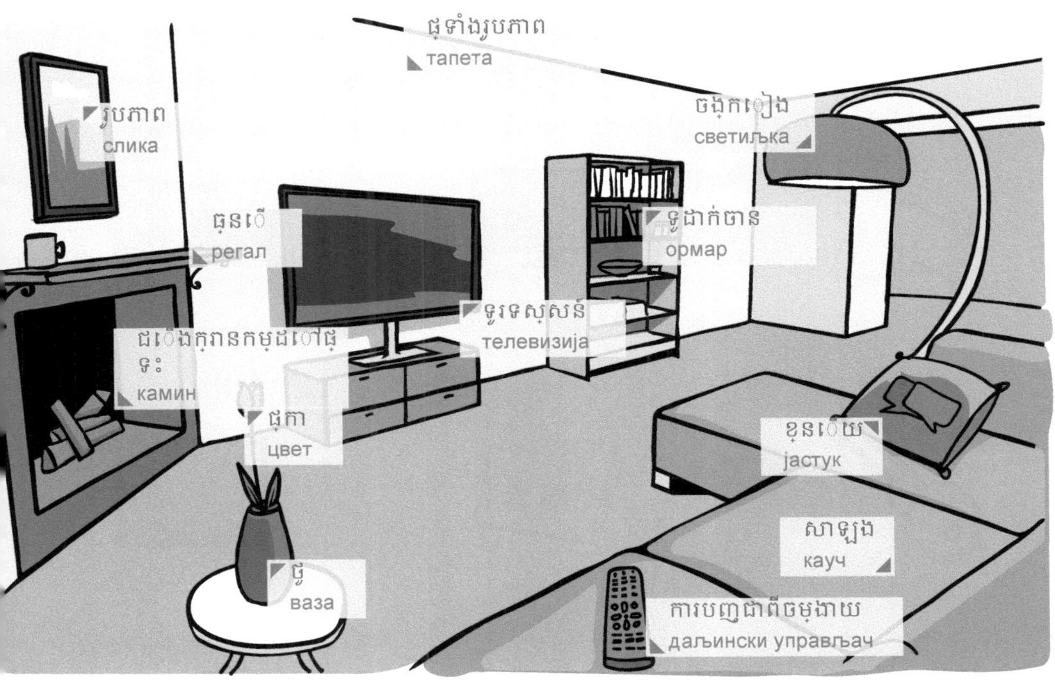

ផ្ទាំងរូបភាព
тапета
រូបភាព
слика
ចង្កៀង
светиљка
ធ្នើ
регал
ទូដាក់ចាន
ормар
ទូរទស្សន៍
телевизија
ជើងក្រានកម្ដៅផ្ទះ
камин
ផ្កា
цвет
ខ្នើយ
јастук
សាឡុង
кауч
ថូ
ваза
ការបញ្ជាពីចម្ងាយ
даљински управљач

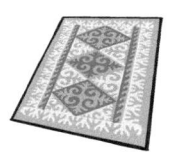

កម្រាលព្រំ

тепих

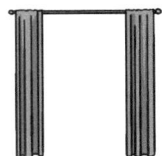

វាំងនន

завеса

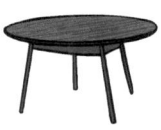

តុ

сто

កៅអី

столица

កៅអីប៉ាក់ប៉ើក

столица за њихање

កៅអីភ្នាក់ដៃ

фотеља

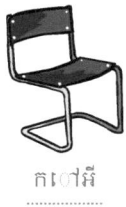

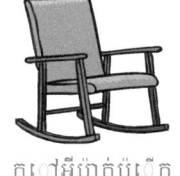

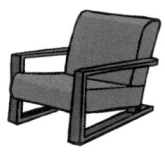

សៀវភៅ

књига

ភួយ

дека

ការតុបតែង

декорација

អុសដុត

дрво за огрев

ខ្សែភាពយន្ត

филм

ឧបករណ៍ Hi-Fi

хи-фи уређај

កូនសោ

кључ

កាសែត

новине

គំនូរ

слика на платну

ផ្ទាំងរូបភាព

постер

វិទ្យុ

радио

ណូតផ្ទៃ

блок за писање

ម៉ាស៊ីនបូមធូលី

усисивач

ដំបងយក្ស

кактус

ទៀន

свећа

ផ្ទះបាយ

кухиња

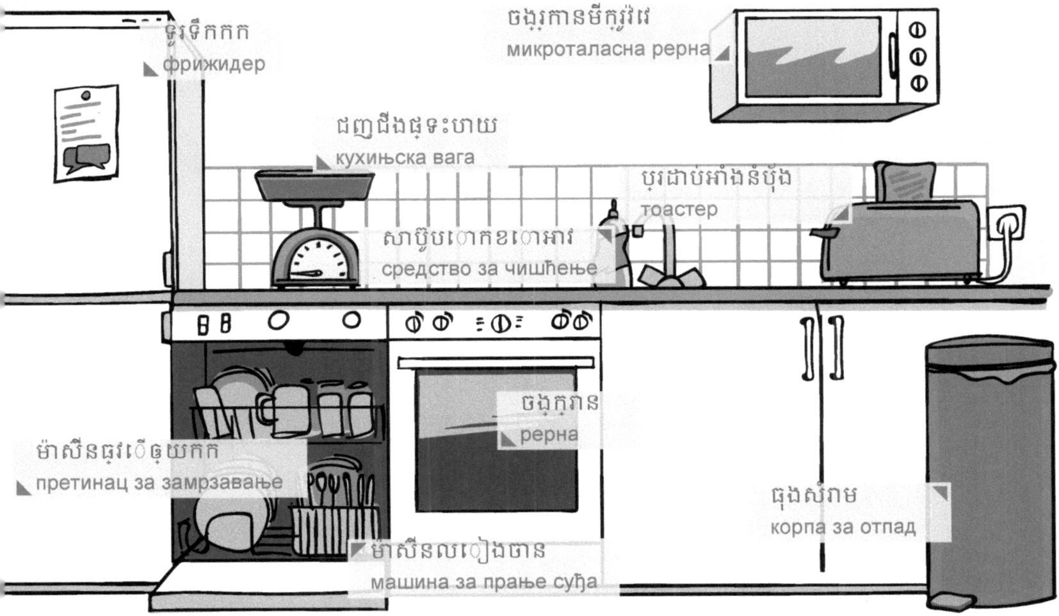

ទូទឹកកក
фрижидер
ចង្ក្រានមីក្រូវ៉េវ
микроталасна рерна
ជញ្ជីងផ្ទះបាយ
кухињска вага
ប្រដាប់អាំងនំប៉័ង
тоастер
សាប៊ូបោកខោអាវ
средство за чишћење
ចង្ក្រាន
рерна
ម៉ាស៊ីនធ្វើទឹកកក
претинац за замрзавање
ធុងសំរាម
корпа за отпад
ម៉ាស៊ីនលាងចាន
машина за прање суђа

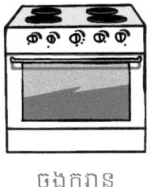

ចង្ក្រាន

шпорет

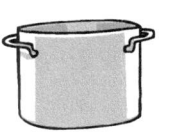

ឆ្នាំង

лонац

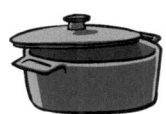

ឆ្នាំងដែក

гвоздени лонац

ខ្ទះ / ខ្ទះឥណ្ឌា

вок / кадаи

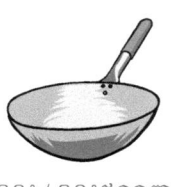

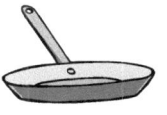

ខ្ទះ

тава

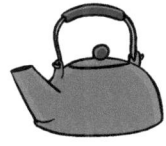

កំសៀវ

кувало за воду

ឆ្នាំងចំហុយ

កувало на пару

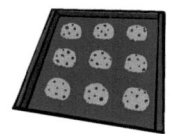

ថាសដុតនំ

лим за печење

គ្រឿងចានឆ្នាំងជី

посуђе

ថ្វ

чаша

ចានគោម

посуда

ចង្កឹះ

штапићи за јело

វែកសមុល

кутлача

វែកក្រ

лопатица

បរដាប់វាយកូរឡ្បេក

пењача

តម្រង

сито за кување

កន្ត្រង

сито

បរដាប់កោសដុង

рибеж

តុហាល់

мужар

ការអាំងសាច់

роштиљ

ចង្ក្រានចំហា

огњиште

ជុរញ្

даска

បុរដាប់កិនម្ូរ

оклагија

បុរដាប់ម្ូររបើកឆ្នុកសុរា

вадичеп

កំប៉ុង

конзерва

បុរដាប់បើកកំប៉ុង

отварач конзерви

ក្រណាត់ទុរាប់ឆ្នាំង

крпа за лонац

កន្លែងលាងចាន

судопер

ជក់

четка

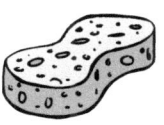

អប៉ុង

сунђер

ម៉ាសុីនកូរឡ្បក

миксер

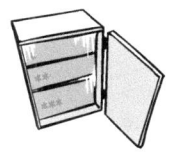

ទូរទឹកកកខ្នាតតូច

замрзивач

ដបទឹកដោះគោ

флашица за бебе

រ៉ូបីណេ

славина за воду

បន្ទប់ទឹក

купаоница

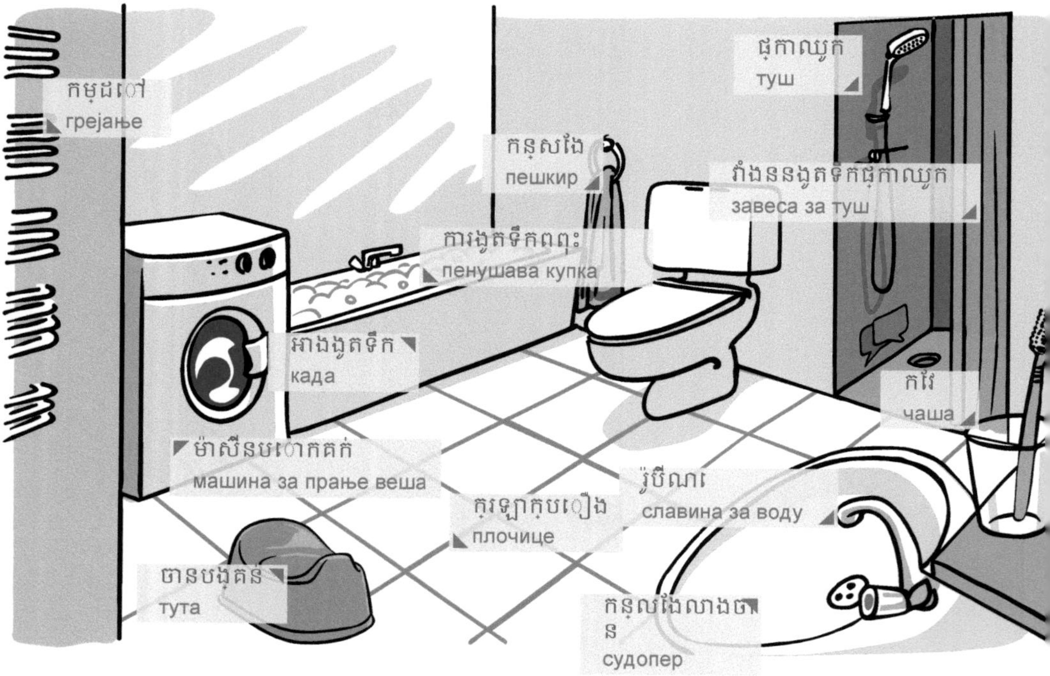

កម្ដៅ
грејање
ផ្កាឈូក
туш
កន្សែង
пешкир
វាំងននងូតទឹកផ្កាឈូក
завеса за туш
ការងូតទឹកពពុះ
пенушава купка
អាងងូតទឹក
када
កែវ
чаша
ម៉ាស៊ីនបោកគក់
машина за прање веша
រ៉ូប៊ីណេ
славина за воду
ក្រឡាក្បឿង
плочице
ចានបង្គន់
тута
កន្លែងលាងចាន
судопер

បង្គន់

тоалет

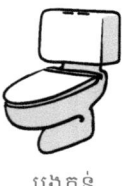

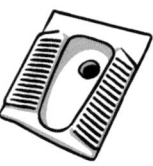

បង្គន់អង្គុយ

чучавац

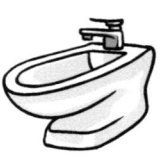

ជើងជម្រះកាយ

бидет

ក្លាំទឹកនោម

писоар

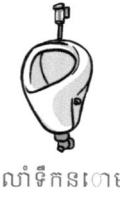

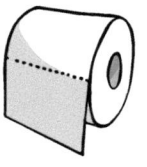

ក្រដាសបង្គន់

тоалетни папир

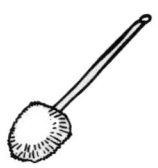

ច្រាសដុសបង្គន់ន

четка за тоалет

ច្រាសដុសធ្មេញ

четкица за зубе

ថ្នាំដុសធ្មេញ

паста за зубе

ខ្សែទោតសម្អាតធ្មេញ

конац за зубе

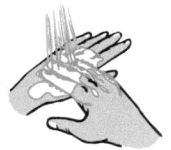

លាង

прати

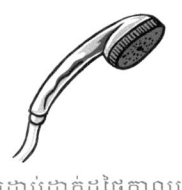

បុរដោបដាក់ដៃផ្តែកាឈូក

туш ручица

ទឹកថ្នាំសម្អាប់ហាញ់លាង

туш за прање интимних
делова

អាង

лавор

ច្រាសដុសខ្នង

четка за прање леђа

សាប៊ូ

сапун

ដលៃសម្រាប់ងូតទឹកផុតកាឈូ
ក

гел за туширање

សាប៊ូ

шампон

សក្លាត

крпа за прање

បំពង់បងួរហ្វ្គរទឹក

одвод

ក្រុមៃ

крема

ថ្នាំបំបាត់ក្លិនអាក្រក់

дезодоранс

កញ្ចក់

огледало

កញ្ចក់ដៃ

козметичко огледало

ប្រដាប់កោរ

бријач

ហ្សុមកោរពុកមាត់

пена за бријање

ទឹកលាងកូរកោរយកោរពុកម
ាត់រួច

лосион за после бријања

កូរស

чешаљ

ជក់

четка

ប្រដាប់សម្ងួតសក់

фен за косу

ស្ពុរយបាញ់សក់

спреј за косу

ការតុបតែងមុខ

шминка

កូរមេលោបមាត់

руж за усне

ថ្នាំលាបក្រចក

лак за нокте

រោមកប្បាស

вата

កន្ត្រៃកាត់ក្រចក

маказе за нокте

ទឹកអប់

парфем

40   បន្ទប់ទឹក - купаоница

កាបូបបរោកតគ់

козметичка торбица

លាមក

столица

ជញ្ជីងថ្ងល់ឹងទមុងន់

вага

អាវពាក់ងុតទឹក

огртач

សុររោមដៃរោវស្លៃ

рукавице за чишћење

ឆ្នុក

тампон

កនុសដែងអនាម័យ

уложак

បង្គន់គីមី

хемиjски тоалет

дечија соба

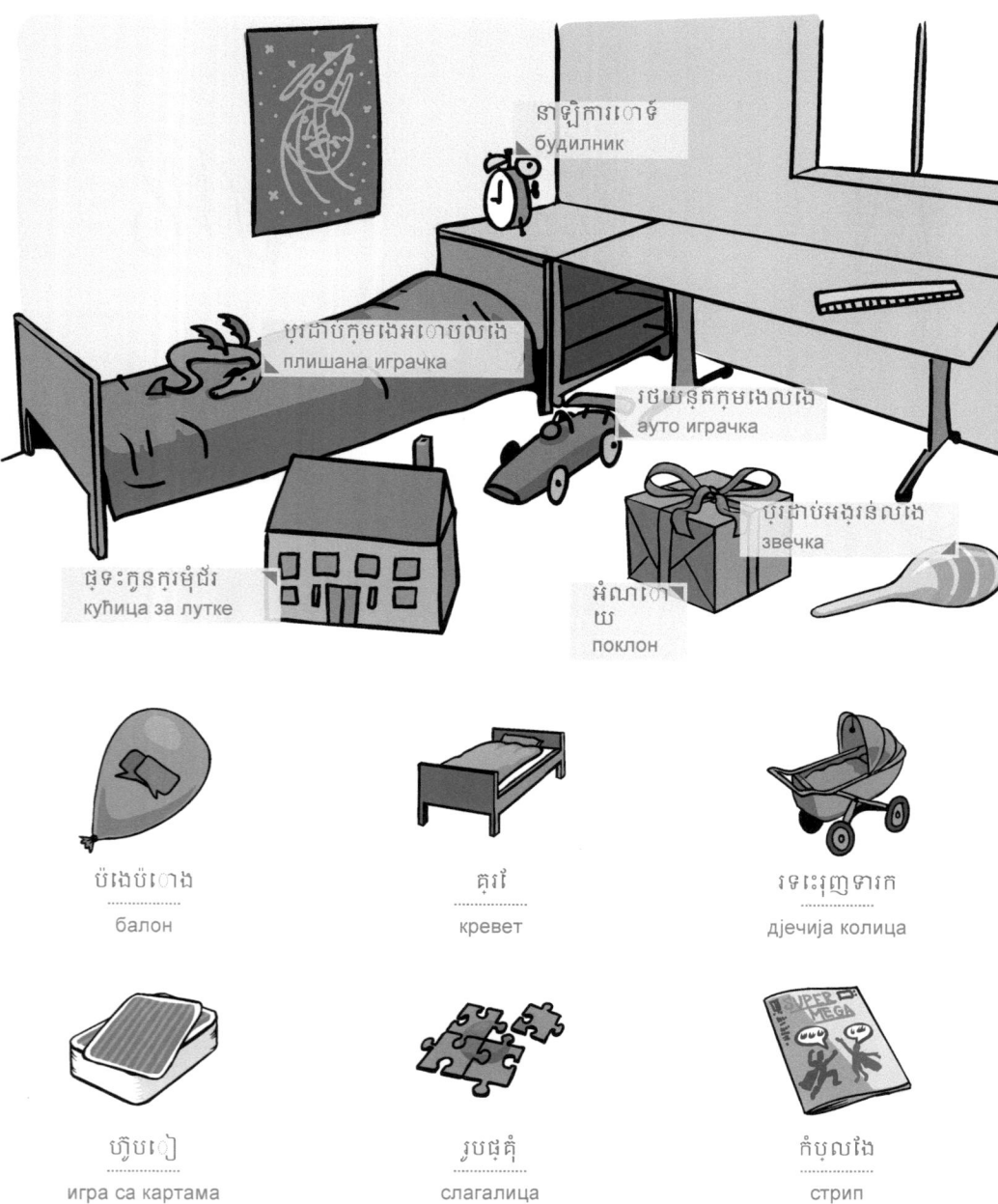

នាឡិការរោទ៍
будилник

បុរដាប់កុមងែអោបលងែ
плишана играчка

រថយន្តកុមងែលងែ
ауто играчка

ផ្ទះក្មុក្មុដ្ជ
куħица за лутке

បុរដាប់អងុរន់លងែ
звечка

អំណោយ
поклон

ប៉ែងប៉ោង
балон

គ្រែ
кревет

រទេះរុញទារក
дјечија колица

ហ្គបេ្ឆ
игра са картама

រូបផ្គុំ
слагалица

កំបុលងែ
стрип

ឣដុប Lego

лего коцкице

ប៊ុលុកបុរដាប់ក្មមេងលេង

коцкице за слагање

តួលខេសកម្មភាព

акциони јунак

ខោអាវទារក

бенкица за бебе

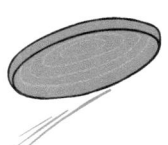

ការគប់ថាស

фризби

ទូរស័ព្ទដៃ

висеће играчке

ក្ដារលេបងេ

друштвене игре

គ្រាប់ឡូកឡាក់

коцка

ឈុតចក្រយានភ្លើងគំរូ

минијатурна жељезница

របស់ណោក

дуда

គណបក្ស

забава

សៀវភៅរូបភាព

сликовница

ហាល់

лопта

ក្មនក្មុមុំតុក្កតា

лутка

លេង

играти

 រណ្ដៅទៅខ្សាច់

пешчаник

ទេវង

љуљачка

ប្រដាប់កុមងេលងេ

играчка

កុងស្ួលវិដអ្ូហ្គតមេ

конзола за игре

គូរីចក្ុរយោនយនុត

трицикл

តុក្កតាខ្លាឃ្មុំ

теди

ទូខេពាអារ្

ормар

សម្ុលៀក្បំពាក់
одећа

ស្ុរទោមជើង

кратке чарапе

ស្ុរទោមជើងវៃង

чарапе

ខេទូរនាប់នារី

хулахопке

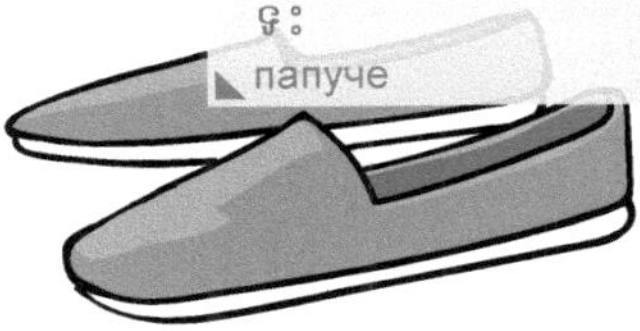

កម្មៅ
шал

ឆត្រ
кишобран

អាវយឺត
мајица

ខ្សែក្រវាត់
каиш

អាវយឺត
мајица

សុបកែជើងហាតា
патике

សុបកែជើងវែង
чизме

សុបកែជើងពាក់នៅ
ផ្ទះ
папуче

សុបកែជើងសង្វៃ

сандале

សុបកែជើង

ципеле

សុបកែជើងករវៃកទៅស្ងើ

гумене чизме

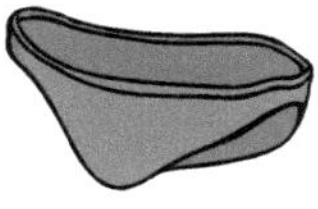

ខោទុយនាប់បុរស

гаћице

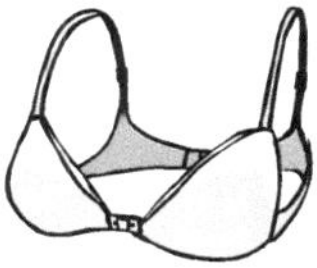

អាវទុយនាប់

грудњак

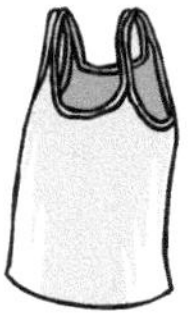

អាវកាក់

поткошуља

វង្កាយ

боди

ខោវែង

панталоне

ខោខូវប៊យ

фармерке

សំពត់

сукња

អាវក្រុរទៅ

блуза

អាវ

кошуља

អាវយឺត

џемпер

អាវយឺត

џемпер с капуљачом

អាវធំ

сако

អាវក្រុរទៅ

jакна

អាវធំ

мантил

អាវក្បូររៀង

кабаница

គុររៀងតខៃ

костим

អាវរៃង

хаљина

សំលរៀកបំពាក់អាពាហ៍ពិព
ហ៍
венчаница

សមុលរៀកបំពាក់ - одећа

ខោអាវឈុត

одело

រូបរាគ្តរី

спаваћица

ឈុតគងេ

пиџама

សារី

сари

កន្សែងដងួតកុហាល

марама за главу

ផ្នួត

турбан

សុបមៃខ

бурка

kaftan

кафтан

abaya

абаја

ឈុតហាលេទឹក

купаћи костим

ខោទេខលី

купаће гаћице

ខោទេខលី

кратке панталоне

ឈុតហាត់កីឡា

одећа за тренинг

អាវអេៀម

кецеља

សុរទោមដៃ

рукавице

សម្លេៀកបំពាក់ - одећа

ឡ្បូវរអាវ

дугме

វ៉ែនតា

наочаре

ខ្សដៃ

наруквица

ខ្សកែ

огрлица

ចិញ្ចៀន

прстен

កុរិល

наушница

មួក

капа

ប្រដាប់ព្យួរអាវកុរេៅ

вешалица

មួក

шешир

ក្រវាត់ក

кравата

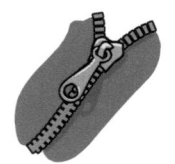

រូត

патент затварач

មួកសុវត្ថិភាព

кацига

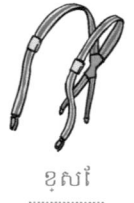

ខ្សវៃ

нараменице

ឯកសណ្ឋានសាលា

школска униформа

ឯកសណ្ឋាន

униформа

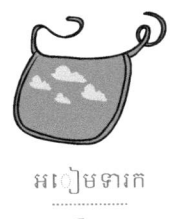

អៀមទារក

подбрадак

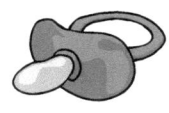

រូបសំណាក

дуда

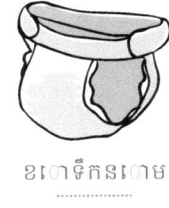

ខោទឹកនោម

пелена

ការិយាល័យ

канцеларија

ម៉ាស៊ីនមេ
сервер
ទូឯកសារ
ормар за списе
ម៉ាស៊ីនបោះពុម្ព
штампач
ក្រដាស
папир
ម៉ូនីទ័រ
монитор
កណ្ដុរ
миш
តុការិយាល័យ
писаћи сто
សឺមី
мапа
ក្ដារចុច
тастатура
កន្ត្រកដាក់សំរាមក្រដាស
кошара за папир
កុំព្យូទ័រ
компјутер
កៅអី
столица

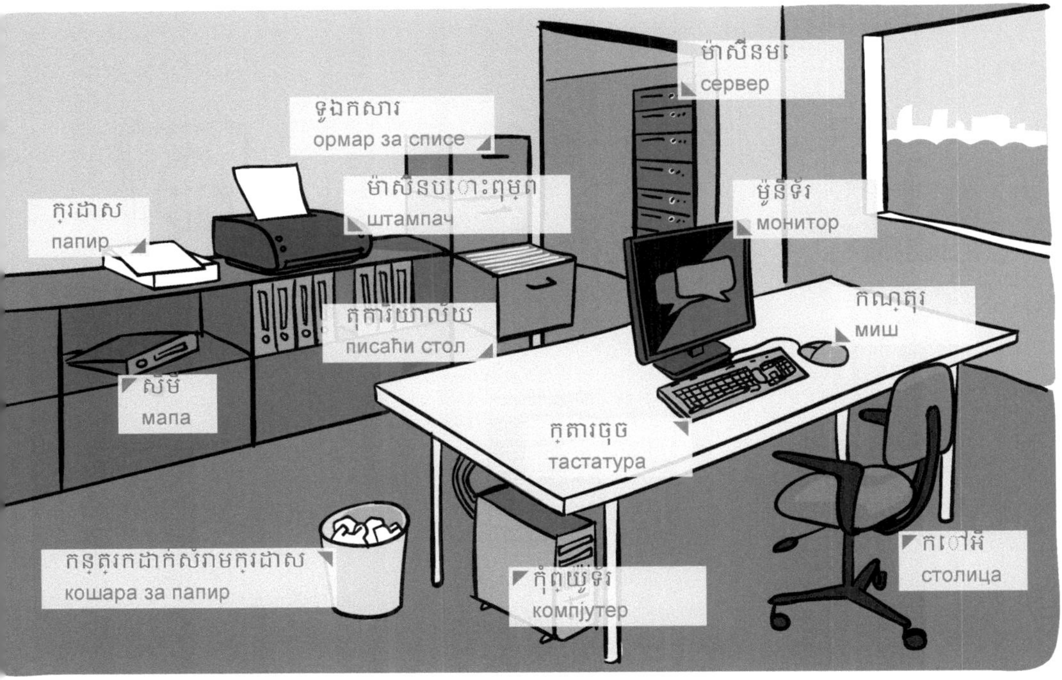

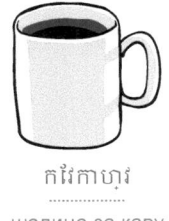

កែវកាហ្វេ

шалица за каву

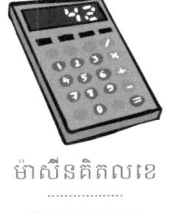

ម៉ាស៊ីនគិតលេខ

калкулатор

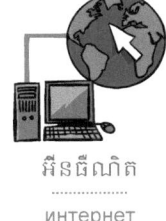

អ៊ីនធឺណិត

интернет

កុំព្យូទ័រយួរដៃ
....
лаптоп

លិខិត
....
писмо

សារ
....
порука

ទូរស័ព្ទដៃ
....
мобилни телефон

បណ្តាញ
....
мрежа

ម៉ាស៊ីនថតចម្លង
....
уређај за копирање

សូហ្វវែរ
....
софтвер

ទូរស័ព្ទ
....
телефон

រន្ធដោតភ្លើង
....
утичница

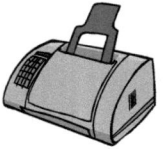

ម៉ាស៊ីនទូរសារ
....
факс

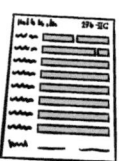

ទម្រង់បែបបទ
....
формулар

ឯកសារ
....
документ

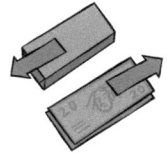

ទិញ

купувати

បង់ប្រាក់

платити

ធ្វើជំនួញ

трговати

លុយ

новац

ប្រាក់ដុល្លារ

долар

ប្រាក់អឺរ៉ូ

евро

ប្រាក់យ៉េន

јен

ប្រាក់រូបិល

рубља

ហ្វ្រង់ស្វីស

швајцарски франак

ប្រាក់យ៉ន

ренминдби јуан

ប្រាក់រូពី

рупија

កន្លែងដែលប្រើសាច់ប្រាក់

аутомат за новац

ការិយាល័យប្តូរប្រាក់

мењачница

មាស

злато

ប្រាក់

сребро

ប្រេង

нафта

ថាមពល

енергија

តម្លៃ

цена

កិច្ចសន្យា

уговор

ពន្ធ

порез

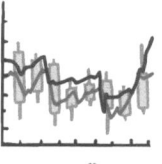

ភាគហ៊ុន

деонице

ធ្វើការ

радити

បុគ្គលិក

службеник

និយោជក

послодавац

រោងចក្រ

фабрика

ហាង

продавница

មុខរបរ

занимања

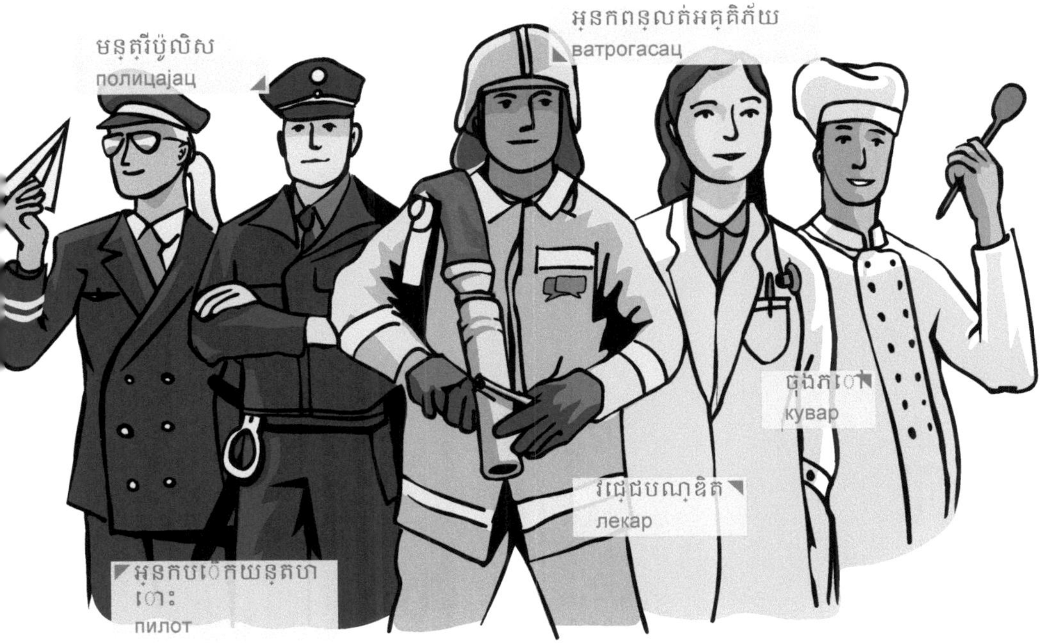
អ្នកពន្លត់អគ្គិភ័យ
ватрогасац
មន្ត្រីប៉ូលិស
полицајац
ចុងភៅ
кувар
វេជ្ជបណ្ឌិត
лекар
អ្នកបើកយន្តហោះ
пилот

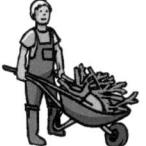

អ្នកថែសួន

вртлар

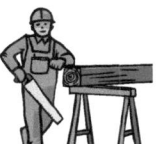

ជាងឈើ

столар

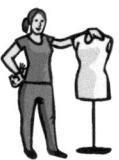

ជាងកាត់ដេរ

кројачица

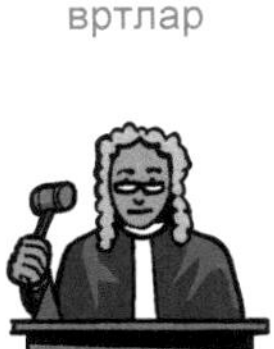

ចៅក្រម

судија

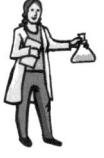

គីមីវិទូ

хемичар

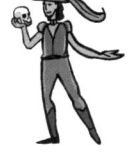

តួកុន

глумац

អ្នកបើកឡានក្រុង

возач аутобуса

អ្នកបើកតាក់ស៊ី

возач таксија

អ្នកនេសាទ

рибар

សុត្រីអ្នកសម្អាត

чистачица

ជាងដំបូល

кровопокривач

អ្នករត់តុ

конобар

អ្នកបរបាញ់សត្វ

ловац

វិចិត្រករ

сликар

អ្នកដុតនំ

пекар

ជាងអគ្គីសនី

електричар

ជាងសំណង់

грађевински радник

វិស្វករ

инжењер

អ្នកកាប់សាច់

месар

ជាងជួសជុលទុយោរទឹក

лимар

អ្នករត់សំបុត្រ

поштар

ទាហាន

војник

ស្ថាបត្យករ

архитекта

បេឡា

благајник

អ្នកលក់ផ្កា

цвећар

អ្នកអ៊ិតសក់

фризер

អ្នកយកលុយ

кондуктер

ជាងម៉ាស៊ីន

механичар

កាពីទែន

капетан

ពទ្យេធ្មេញ

зубар

អ្នករិទ្យាសាស្ត្រ

научник

គ្រូបង្រៀនច្បាប់សញ្ជាតិ
ជ៊ីហ្វរ

раби

លោកសង្ឃយចាម

имам

ព្រះសង្ឃយ

монах

បព្វជិត

свећеник

ឧបករណ៍

алати

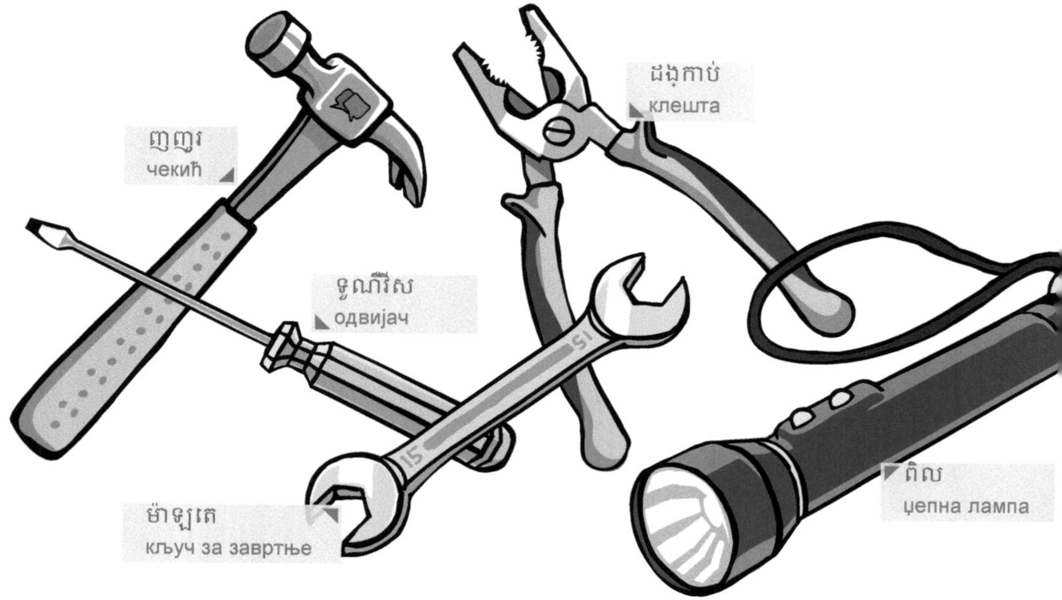
ញញួរ
чекић
ទួណឺវីស
одвијач
ដង្កាប់
клешта
ម៉ាឡេត
кључ за завртње
ពិល
џепна лампа

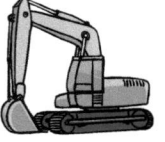

ម៉ាស៊ីនជីក

багер

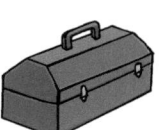

ប្រអប់ឧបករណ៍

кутија за алат

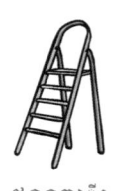

ជណ្តើរ

мердевине

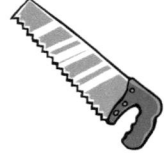

រណារ

пила

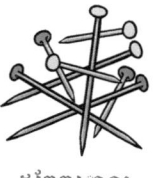

ដែកគោល

ексер

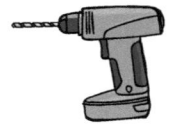

ប្រដាប់ស្វាន

бушилица

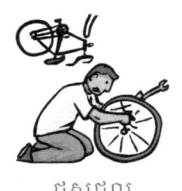

ជួសជុល

поправити

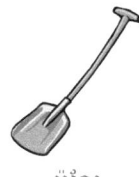

ប៉ែល

лопата

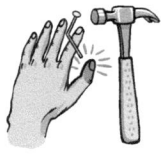

ចង្រៃ!

до ђавола!

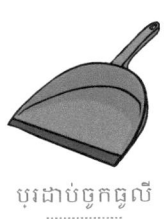

ប្រដាប់ចូកធូលី

лопатица

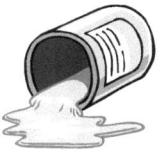

ធុងថ្នាំពណ៌

лонац за боју

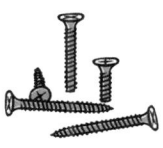

វីស

завртањи

ឧបករណ៍តន្ត្រី

музички инструмент

ឧបករណ៍បំពងសំឡេង
звучник
ឈុតស្គរ
бубњеви
ហ្គីតា
гитара
ហាសពីរ
контрабас
ត្រែ
труба

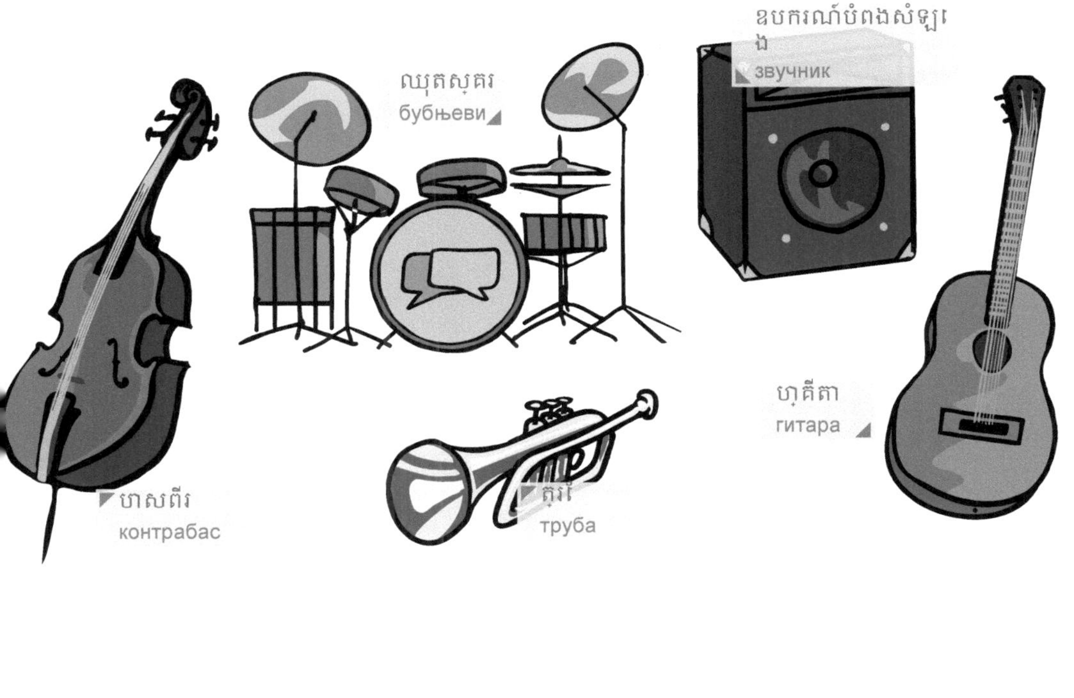

ព្យាណូ

....

клавир

វីយ៉ូឡុង

....

виолина

បាស

....

бас

សូតរពោសសុបកៃមុយ៉ាង

....

тимпани

សូតរ

....

удараљке за бубњеве

យ៉ីបត

....

типке клавира

សាក់សូហ្វូន

....

саксофон

ខ្លុយ

....

флаута

មីក្រូហ្វូន

....

микрофон

ឧបករណ៍តន្ត្រី - музички инструмент

សួនសត្វ

зоолошки врт

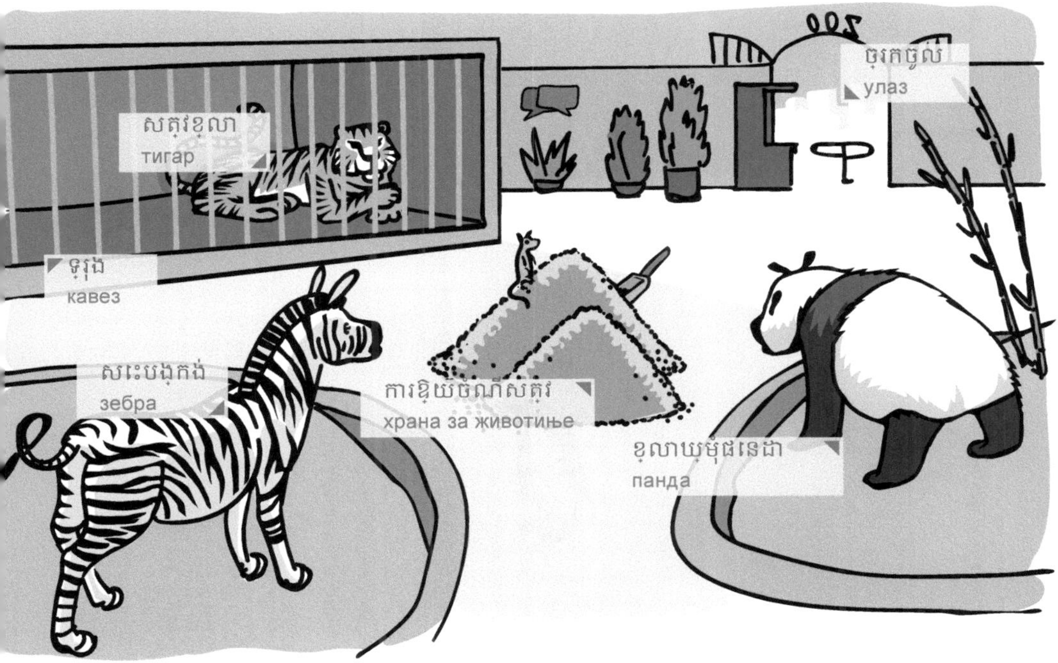

ច្រកចូល
улаз
សត្វខ្លា
тигар
ទ្រុង
кавез
សេះបង្កង់
зебра
ការឱ្យចំណីសត្វ
храна за животиње
ខ្លាឃ្មុំផេនដា
панда

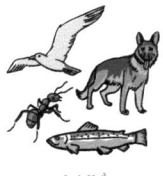

សត្វ

животиње

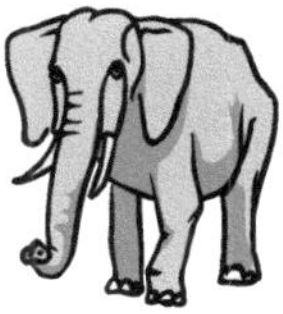

សត្វដំរី

слон

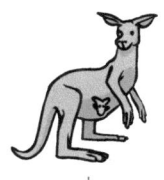

សត្វកង់ហ្គារូ

кенгур

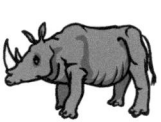

សត្វរមាស

носорог

សត្វស្វាហ្គ័ររីឡា

горила

ខ្លាឃ្មុំពណ៌ត្នោត

медвед

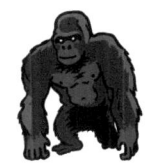

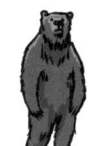

សត្វអូដ្ឋ

камила

សត្វអូទ្រុីស

ној

សត្វតោ

лав

ស្វា

мајмун

សត្វក្រុលៀល

фламинго

សកែ

папагај

ខ្លាឃ្មុំតំបន់ប៉ូល

поларни медвед

ផេនយុីន

пингвин

ត្រីឆ្លាម

ајкула

ក្ងោក

паун

សត្វពស់

змија

ក្រពើ

крокодил

អ្នកករក្សាស្ងួនសត្វ

чувар у зоолошком врту

ឆ្មាទឹក

туљан

ខ្លារខិនមុយ៉ាង

јагуар

ក្មេនសះៈ
....
пони

ខ្លារខ្លិន
....
леопард

សត្វរដ្ឋទឹក
....
нилски коњ

សត្វកវៃ
....
жирафа

ឥន្ទ្រី
....
орао

ជ្រូក
....
дивља свиња

ត្រី
....
риба

អណ្ដើកទឹក
....
корњача

លោមមច្ឆា
....
морж

កញ្ជ្រោង
....
лисица

ក្ដាន់
....
газела

កីឡាហាល់ទាត់អាមេរិក
амерички ногомет
ការប្រណាំងកង់
бициклизам
កីឡាថេនីស
тенис
កីឡាហាល់បោះ
кошарка
កីឡាហែលទឹក
пливање
កីឡាប្រដាល់
бокс
កីឡាវាយកូនហាល់លើទឹកកក
хокеј на леду

កីឡាហាល់ទាត់

фудбал

កីឡាវាយសី

бадминтон

អត្តពលកម្ម

атлетика

កីឡាហាល់កាន់

рукомет

ការជិះស្គី

скијање

ប៉ូឡូ

поло

លោត — скочити

ឱប — загрлити

សើច — смејати се

ដើរ — иħи

ច្រៀង — певати

សុបិនុត — сањати

អធិស្ឋាន — молити се

ថើប — пољубити

សរសេរ — писати

គូរ — цртати

បង្ហាញ — показати

រុញ — гурати

ឲ្យ — дати

យក — узети

មាន

имати

ធ្វើ

чинити

គឺ

бити

ឈរ

стојати

រត់

трчати

ទាញ

повлачити

បោះ

бацити

ធ្លាក់

падати

កុហាក

лежати

រង់ចាំ

чекати

យួរ

носити

អង្គុយ

седити

ស្លៀកពាក់

облачити

ដេក

спавати

ភ្ញាក់ឡើង

пробудити се

មើល

гледати

យំ

плакати

គូសវាស

миловати

សិតសក់

чешљати

និយាយ

говорити

យល់

разумети

សួរ

питати

ស្ដាប់

слушати

ជឹក

пити

បរិភោគ

jести

សមុអាត

поспремити

សុរលាញ់

волети

ចម្អិន

кухати

បើកបរ

возити

ហា្រោះ

летети

សកម្មភាពនានា - **активности**

ចតែទូក

пловити

គណនា

рачунати

អាន

читати

រៀន

учити

ធ្វើការ

радити

រៀបការ

венчати се

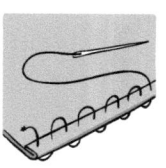

ដេរ

шити

ដុសធ្មេញ

прати зубе

សម្លាប់

убити

ជក់

пушити

ផ្ញើ

послати

ជីដូន
бака

ជីតា
деда

និពុក
отац

មុតាយ
мајка

ទារក
беба

កូនស្រី
ккерка

កូនបុរស
син

ភញ្ញៀរ
гост

ម៉ីង
тетка

ពុ
ујак, стриц

បងប្អូនបុរស
брат

បងប្អូនស្រី
сестра

រាងកាយ

тело

ថ្ងាស
чело
ភ្នែក
око
មុខ
лице
ចង្កា
брада
ម្រាមដៃ
прст
ដៃ
рука
ស្មា
раме
សុដន់
груди
ជើង
нога
ដៃ
рука

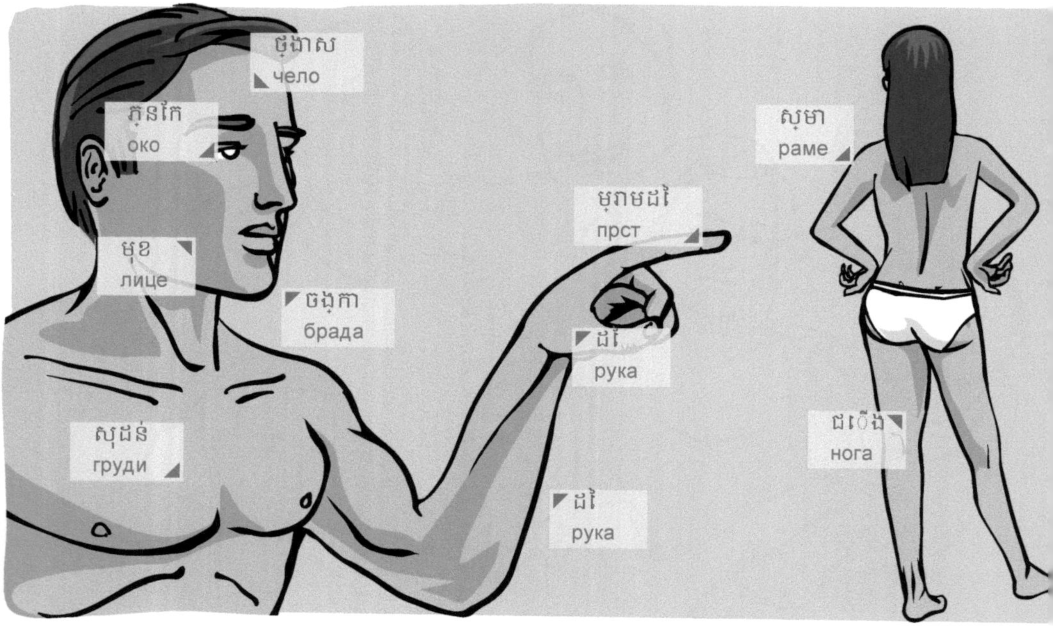

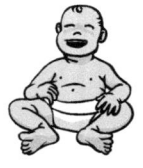

ទារក

беба

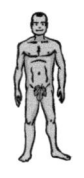

បុរស

мушкарац

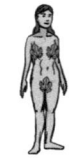

ស្ត្រី

жена

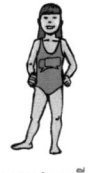

ក្មេងស្រី

девојчица

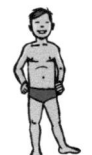

ក្មេងប្រុស

дечак

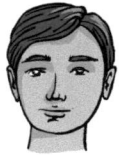

ក្បាល

глава

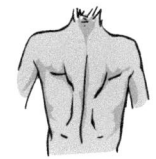

ខ្នង

леђa

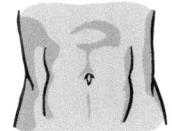

ពោះ

стомак

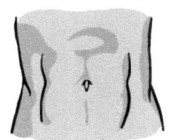

ផ្ចិត

пупак

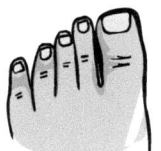

មុរមជេើង

ножни прст

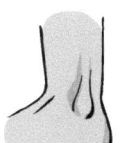

កែងជេើង

пета

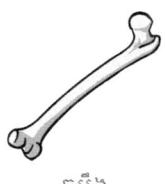

ឆ្អឹង

кост

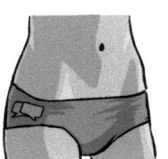

តួរគាក

кукови

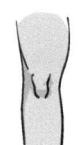

ជង្គង់

колено

កែងដៃ

лакат

ច្រមុះ

нос

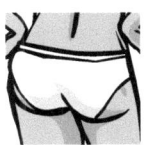

គូទ

задњица

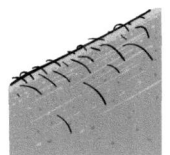

ស្បែក

кожа

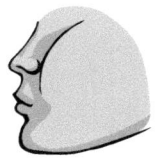

ថ្ពាល់

образ

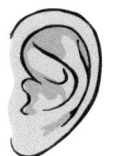

តួរចៀក

уво

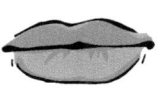

បប៉ូរមាត់

усна

មាត់

уста

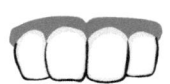

ធ្មេញ

зуб

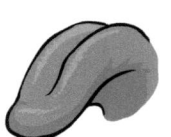

អណ្ដាត

језик

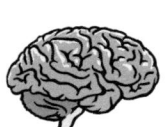

ខួរក្បាល

мозак

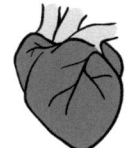

បេះដូង

срце

សាច់ដុំ

мишић

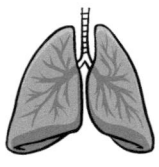

សួត

плућа

ថ្លើម

јетра

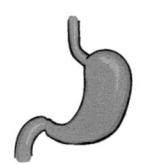

ក្រពះ

желудац

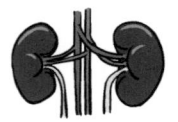

តម្រងនោម

бубрези

ការរួមភេទ

полни однос

ស្រោមអនាម័យ

кондом

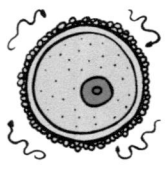

អូវុល

јајна ћелија

ទឹកកាម

сперма

ការមានផ្ទៃពោះ

трудноћа

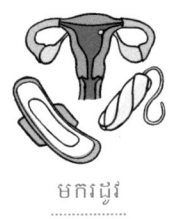

មករដូវ

менструација

ទ្វារមាស

вагина

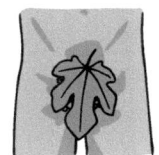

លិង្គ

пенис

ចិញ្ចើម

обрва

សក់

коса

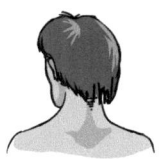

ក

врат

មន្ទីរពេទ្យ
болница

រថយន្តដឹកសង្គ្រោះ
болничко возило

រទេះរុញ
инвалидска колица

ការបាក់ឆ្អឹង
лом

រវេជ្ជបណ្ឌិត

лекар

បន្ទប់សង្គ្រោះបន្ទាន់

хитна медицинска служба

គិលានុបដ្ឋាយិកា

медицинска сестра

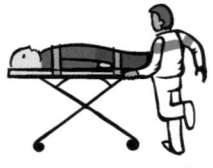

សង្គ្រោះបន្ទាន់

хитни случај

សន្លប់

несвест

ការឈឺចាប់

бол

ការរងរបួស

повреда

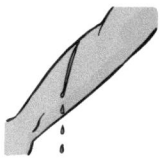

ការហូរឈាម

крварење

គាំងបេះដូង

срчани удар

ៗមួងដាច់សរសៃឈាមក្នុង
ក្បាល

удар

អាលែកហ្ស៊ី

алергија

ក្អក

кашаљ

ជំងឺគ្រុន

грозница

ជំងឺផ្តាសាយ

грипа

ជំងឺរាគស្រួស

пролив

ឈឺក្បាល

главобоља

ជំងឺមហារីក

рак

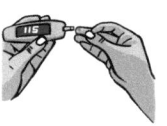

ជំងឺទឹកនោមផ្អែម

дијабетес

គ្រូពេទ្យវះកាត់

хирург

កាំបិតវះកាត់

скалпел

ប្រតិបត្តិការ

операција

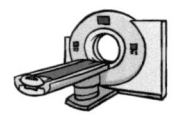

CT

цт

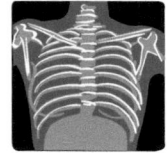

កាំរស្មីអ៊ិច

рентген

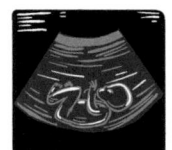

អេក្រេ

ултразвук

របាំងមុខ

маска

ជំងឺ

болест

របង់ចាំបន្ទប់

чекаона

ឈរឈើច្រត់

штака

មុនាងសិលា

фластер

បង់រុំ

завоj

ការចាក់ថ្នាំ

инјекција

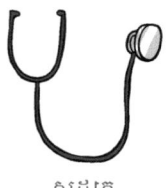

ស្ដេតូស្កូប

стетоскоп

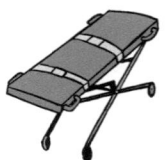

ស្នូនដែរបួស

носила

ទ្វែម៉ែ្មតែ្រពេយាបាល

термометар

កំណើត

рођење

លើសសមមុង៉ន់

прекомерна тежина

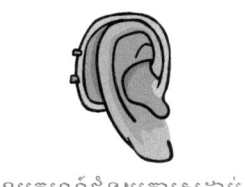

ឧបករណ៍ជំនួយការស្ដាប់

слушни апарат

សារធាតុសម្លាប់មេរោគ

средство за дезинфекцију

ការឆ្លងមេរោគ

инфекција

មេរោគ

вирус

មេរោគអេដស៍ / ជំងឺអេដស៍

хив / аидс

ថ្នាំពេទ្យ

медицина

ការចាក់ថ្នាំបង្ការ

вакцинација

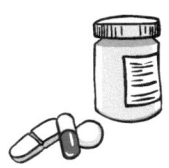

ថ្នាំគ្រាប់

таблете

ថ្នាំគ្រាប់

пилула

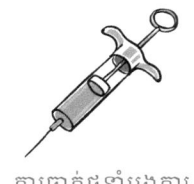

ការហៅពេលមានអាសន្ន

хитни позив

ឧបករណ៍ពិនិត្យសម្ពាធឈាម

уређај за мерење
притиска

ឈឺ / មានសុខភាពល្អ

болесно / здраво

ជំនួយ!

помоћ!

សំឡេងរោទ៍

аларм

ការវាយលុក

насртај

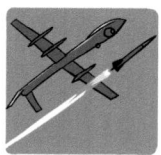

ការវាយប្រហារ

напад

គ្រោះថ្នាក់

опасност

ច្រកចេញគ្រោះអាសន្ន

излаз у случају нужде

អគ្គីភ័យ!

пожар!

បំពង់ពន្លត់អគ្គិភ័យ

противпожарни апарат

គ្រោះថ្នាក់

незгода

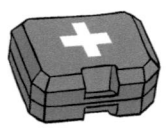

ឧបករណ៍ជំនួយបឋម

кутија прве помоћи

SOS

сос

ប៉ូលិស

полиција

អឺរ៉ុប

Европа

អាមេរិកខាងជើង

Северна Америка

អាមេរិកខាងត្បូង

Јужна Америка

អាហ្រ្វិក

Африка

អាស៊ី

Азија

អូស្ត្រាលី

Аустралија

អាត្លង់ទិច

Атлантик

ប៉ាស៊ីហ្វិក

Пацифик

មហាសមុទ្រឥណ្ឌា

Индијски океан

មហាសមុទ្រអង់តាក់ទិច

Антарктички океан

មហាសមុទ្រអាកទិច

Арктички океан

ប៉ូលខាងជើង

Северни рол

ប៉ូលខាងត្បូង

Јужни рол

អង់តាក់ទិក

Антарктик

ផែនដី

земља

ដីគោក

земља

សមុទ្រ

море

កោះ

оток

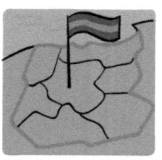

បុរទេសេជាតិ

нација

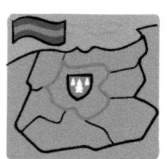

រដ្ឋ

држава

ផែនដី - земља

មុខនាឡិកា

бројчаник сата

ទ្រនិចម៉ោង

сатна казаљка

ទ្រនិចនាទី

минутна казаљка

ទ្រនិចវិនាទី

секундна казаљка

ម៉ោងប៉ុន្មាន?

Колико је сати?

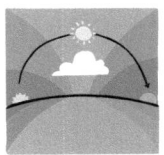

ថ្ងៃ

дан

ពេលវេលា

време

ឥឡូវនេះ

сада

នាឡិកាឌីជីថល

дигитални сат

នាទី

минута

ម៉ោង

час

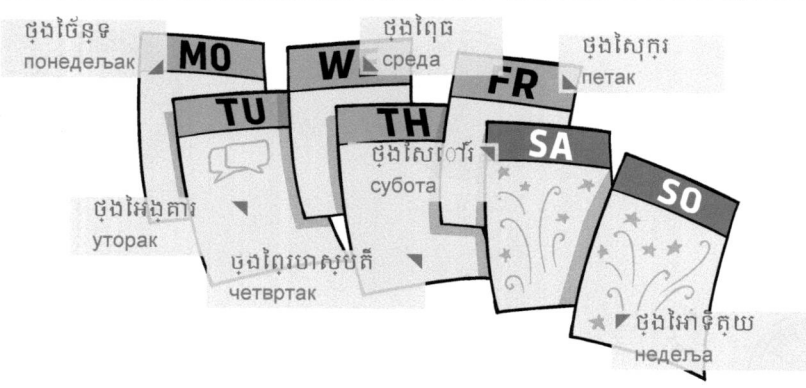

ចុងថ្ងៃចន្ទ
понедељак

MO

ចុងថ្ងៃពុធ
среда

W

ចុងថ្ងៃសុក្រ
петак

FR

TU

TH

SA

SO

ចុងថ្ងៃអង្គារ
уторак

ចុងថ្ងៃសៅរ៍
субота

ចុងថ្ងៃព្រហស្បតិ៍
четвртак

ចុងថ្ងៃអាទិត្យ
недеља

មុសិលមិញ
....
jуче

ចុងនៃរៈ
....
данас

ចុងថ្ងៃស្អែក
....
сутра

ព្រឹក
....
jутро

ចុងថ្ងៃត្រង់
....
подне

ល្ងាច
....
вече

MO	TU	WE	TH	FR	SA	SU
1	2	3	4	5	6	7
8	9	10	11	12	13	14
15	16	17	18	19	20	21
22	23	24	25	26	27	28
29	30	31	1	2	3	4

ចុងថ្ងៃធ្វើការ
....
радни дани

MO	TU	WE	TH	FR	SA	SU
1	2	3	4	5	6	7
8	9	10	11	12	13	14
15	16	17	18	19	20	21
22	23	24	25	26	27	28
29	30	31	1	2	3	4

ចុងសប្តាហ៍
....
викенд

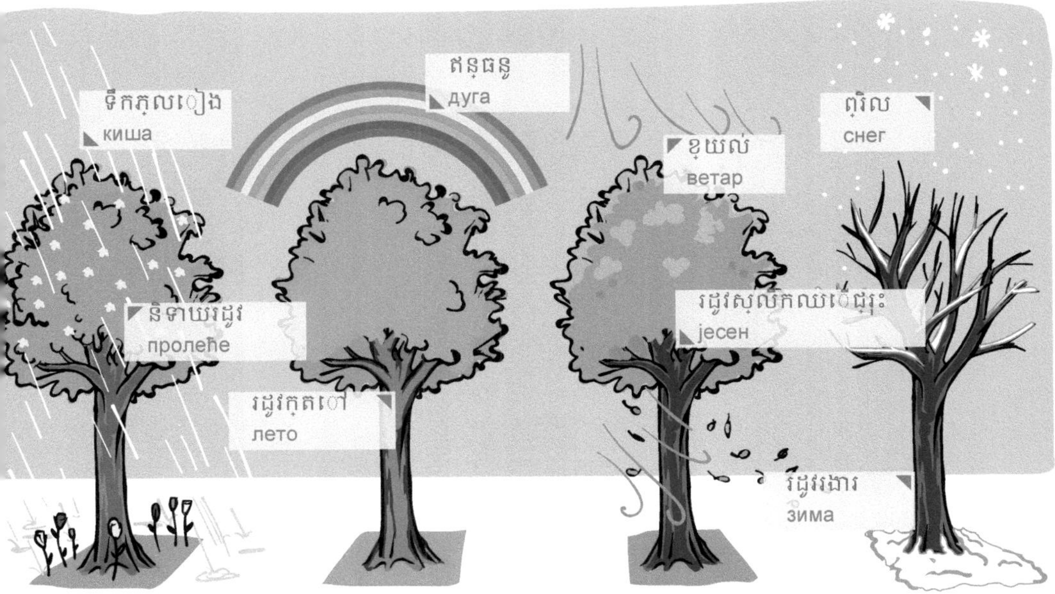

ទឹកភ្លៀង
киша
ឥន្ទធនូ
дуга
ខ្យល់
ветар
ព្រិល
снег
និទាឃរដូវ
пролеће
រដូវក្តៅ
лето
រដូវស្លឹកឈើជ្រុះ
јесен
រដូវរងារ
зима

4.APRIL 11°
5.APRIL 4°
6.APRIL 13°
7.APRIL 8°
8.APRIL 10°

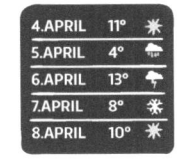

ការព្យាករណ៍អាកាសធាតុ

метеоролошка прогноза

F
C
120
90
60
30
0
-30
40
30
20
10
0
-10
-20

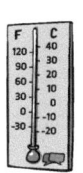

ទែម៉ូម៉ែត្រ

термометар

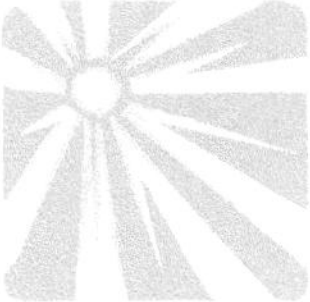

ពន្លឺថ្ងៃ

сунчана светлост

ពពក

облак

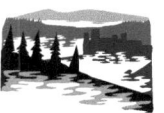

អ័ព្ទ

магла

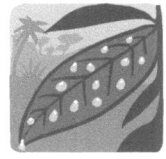

សំណើម

влажност ваздуха

រន្ទះ

мулња

ផ្គរ

грмљавина

ពុយុះ

олуја

ព្រិល

туча

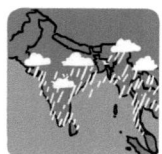

ខ្យល់មូសុង

монсун

ទឹកជំនន់

поплава

ទឹកកក

лед

ខមែករា

јануар

ខែកុម្ភ:

фебруар

ខមីនា

март

ខមែសា

април

ខែឧសភា

мај

ខមិថុនា

јуни

ខែកក្កដា

јули

ខែសីហា

август

ឆ្នាំ - година

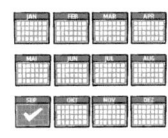

ខែកញ្ញា

септембар

ខែតុលា

октобар

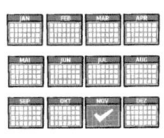

ខែវិច្ឆិកា

новембар

ខែធ្នូ

децембар

វាង

облици

រង្វង់

круг

ការ៉េ

квадрат

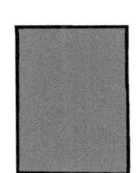

ចតុកោណកែង

правоугао

ត្រីកោណ

троугао

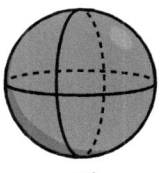

ស្វ៊ែរ

кугла

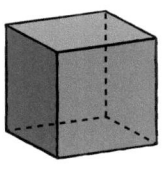

គូប

коцка

ពណ៌ស

бела

ពណ៌លឿង

жута

ពណ៌ទឹកក្រូច

наранџаста

ពណ៌ផ្កាឈូក

ружичаста

ពណ៌ក្រហម

црвена

ពណ៌ស្វាយ

љубичаста

ពណ៌ខៀវ

плава

ពណ៌បៃតង

зелена

ពណ៌ទឹកក្រូច

смеђа

ពណ៌ប្រផេះ

сива

ពណ៌ខ្មៅ

црна

супротности

ចុរេើន / តិចតួច

много / мало

ខឹង / គ្មានជាក់ចិត្ត

љутито / мирно

ស្រស់ស្អាត / អាក្រុក់

лепо / ружно

ចាប់ផ្តុតេើម / បញ្ចប់

почетак / крај

ធំ / តូច

велико / малено

ភ្លឺ / ងងឹត

светло / тамно

បងប្អូនបុរស / បងប្អូនស្រី

брат / сестра

ស្អាត / កខ្វក់

чисто / прљаво

ពេញលេញ / មិនពេញលេញ

потпуно / непотпуно

ថ្ងៃ / យប់

дан / ноħ

ស្លាប់ / នៅរស់

мртво / живо

ធំទូលាយ / តូចចង្អៀត

широко / уско

អាចបរិភោគបាន / មិនអាចបរិភោគបាន

јестиво / нејестиво

ចិត្តអាក្រក់ / ចិត្តល្អ

зло / добро

ការរំភើប / អផ្សុក

узбуђено / досадно

ធាត់ / ស្គម

дебело / мршаво

ដំបូង / ចុងក្រោយ

на почетку / на крају

មិត្តភក្តិ / សត្រូវ

пријатељ / непријатељ

ពេញ / ទទេ

пуно / празно

រឹង / ទន់

тврдо / мекано

ធ្ងន់ / ស្រាល

тешко / лагано

ភាពអត់ឃ្លាន / ការស្រេកឃ្លាន

глад / жеђ

ឈឺ / មានសុខភាពល្អ

болесно / здраво

ខុសច្បាប់ / ត្រូវច្បាប់

илегално / легално

ឆ្លាតវៃ / ល្ងង់

паметно / глупо

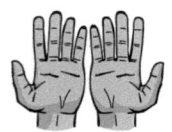

ឆ្វេង / ស្តាំ

лево / десно

ជិត / ឆ្ងាយ

близу / далеко

ថ្មី / ហានប៉ុរេ៉

ново / половно

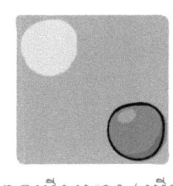

គ្មានអ្វីសោះ / អ្វីមួយ

ништа / нешто

ចាស់ / កូមងេ

старо / младо

បើក / បិទ

укључено / искључено

បើក / បិទ

отворено / затворено

ស្ងប់ស្ងាត់ / ឮខ្លាំង

тихо / гласно

មាន / កូរ

богато / сиромашно

គ្រូវ / ខុស

тачно / погрешно

គ្រូបើម / រលោង

храпаво / глатко

ពិហាកចិត្ត / សប្បាយចិត្ត

тужно / сретно

ខ្លី / វែង

кратко / дуго

យឺត / លឿន

полако / брзо

សើម / ស្ងួត

мокро / сухо

ក្តៅ / គ្រជាក់

топло / хладно

សង្គ្រាម / សន្តិភាព

рат / мир

0

 សូន្យ

нула

1

មួយ

један

2

ពីរ

два

3

បី

три

4

បួន

четири

5

ប្រាំ

пет

6

ប្រាំមួយ

шест

7

ប្រាំពីរ

седам

8

ប្រាំបី

осам

9

ប្រាំបួន

девет

10

ដប់

десет

11

ដប់មួយ

једанаест

12

ដប់ពីរ

дванаест

13

ដប់បី

тринаест

14

ដប់បួន

четрнаест

15

ដប់ប្រាំ

петнаест

16

ដប់ប្រាំមួយ

шестнаест

17

ដប់ប្រាំពីរ

седамнаест

18

ដប់ប្រាំបី

осамнаест

19

ដប់ប្រាំបួន

деветнаест

20

មុភៃ

двадесет

100

រយ

стотину

1.000

ពាន់

хиљаду

1.000.000

លាន

милион

អង់គ្លេស

енглески

អង់គ្លេសអាមេរិក

амерички енглески

ចិនកុកងឺ

мандарински кинески

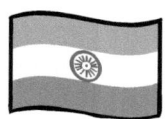

ហិណ្ឌូ

хиндски

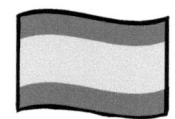

អេស្ប៉ាញ

шпански

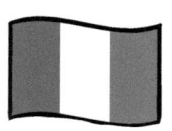

ហារាំង

француски

អារ៉ាប់

арапски

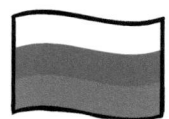

រុស្សី

руски

ព័រទុយហ្គាល់

португалски

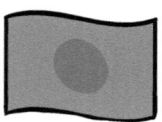

បង់ក្លាដេស

бенгалски

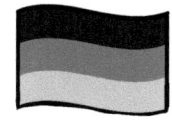

អាល្លឺម៉ង់

немачки

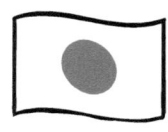

ជប៉ុន

japански

ខ្ញុំ

ja

អ្នក

ти

គាត់ / នាង / វា

он / она / оно

យើង

ми

អ្នក

ви

ពួកគេហេន

они

នរណា?

Ко?

អ្វី?

Шта?

របៀបណា?

Како?

កន្លែងណា?

Где?

ពេលណា?

Када?

ឈ្មោះ

име

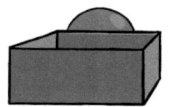

ពីក្រោយ
....
иза

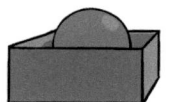

ក្នុង
....
у

ពីមុខ
....
испред

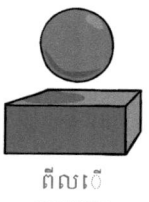

ពីលើ
....
преко

នៅលើ
....
на

នៅក្រោម
....
испод

នៅក្បែរ
....
поред

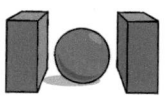

រវាង
....
између

កន្លែង
....
место